科学的思考入門

植原 亮

講談社現代新書
2765

はじめに――科学的思考はなぜ大事なのか？

ああ……それにしても科学的に考える力が欲しいっ……!!

本書で目指すのは、この切実な叫びに応えることである。科学的に考える力、つまり「科学的思考」の能力を求める理由は人それぞれだろう。けれども、日常生活を送るうえでも仕事の面でも、科学的思考の力が発揮できれば、大きなメリットがもたらされるのはまちがいない。質の高い情報と疑わしい情報との違いが見きわめられるようになることで、**有害な情報から自分の身を守りやすくなる。**それに、**自分から情報を発信するときにも、いわばその「品質保証」ができるようになる。**さらに、そういうことができる人が社会の中に増えていけば、行き交う情報のクオリティは高まり、コミュニケーションは円滑になり、たくさんの素晴らしいアイデアが生まれ、さまざまな社会的問題の解決に結びつき……そうして、徐々にではあっても、暮らしやすい世の中の実現につながるだろう。

科学的思考が、科学の専門家ではない大多数にとっても大事なのは、ひとつにはこうした万人に共通の実用的なメリットがあるからだ。だからこそ、一般向けの書籍として本書を世に問う意義も大きい。科学的思考の果実を味わうのが専門家に限られるのはあまりにももったいないので、その入門的なレベルだけでも広く社会で共有しましょう、というのが本書の大きなねらいである。その具体的な中身は本文で詳しく解説していくので、ここでは科学的思考のメリットについてもう少し説明しておこう。

有害な情報から自分の身を守る

現代人を取り巻く環境の際立った特徴のひとつとして、高度な情報化が挙げられる。情報通信技術の発達により、世界中から多種多様な情報が瞬時に伝達されるようになっている。当然だが、そうして各自の手元まで届いた情報のすべてに価値があるとは限らない。フェイクニュースに代表されるように、その中には、クオリティが低く疑わしいもの、そして有害な情報も含まれている。

２０１９年末から始まった新型コロナウイルス感染症（ＣＯＶＩＤ－19）によるパンデミック――いわゆる「コロナ禍」――で目立ったのは、悪質な反ワクチン論の流布やそれと結びついた陰謀論の拡散である。ワクチンの有効性や安全性は医学的にはよく確かめられている。にもかかわらず、反ワクチン論者は、その効果を否定し、ときにワクチン接種が特定の病気を引き起こす原因であるとまで主張する。ワクチンにはマイクロチップが入っており、政府や企業は接種した人々を通信技術で操作しようとひそかに企んでいる、との陰謀論が語られることも珍しくなかった。この種の情報は、パンデミックを何とか抑え込もうとする真剣な取り組みの足を引っ張る点で、社会的にも有害なものだ。

こうした有害な情報の疑わしさや質の低さを見抜けるかどうかは、科学的に考える力があるかどうかに大きくかかっている。科学的思考をしっかりと身につければ、そうした情報のどこがおかしいのかがわかるようになるので、それに引っかかったり振り回されたりはしにくくなるはずだ。なぜこの情報には取り合わなくてもよいのか、その理由を「何となく」「直観的に」ではなく、科学という観点から、きちんとした根拠を挙げながら明確に説明できるようになるのである。たとえるなら、それ自体がワクチンの効果であるかのように、有害な情報に対する免疫ができるのだ。だから、科学的思考が社会に広く行きわたれば集団免疫としても機能するだろう——これは**「思考の公衆衛生」**ともいうべき発想である。

情報発信の品質を保証する

情報を受け取る側から情報を送る側に視点を移そう。すでに述べたように、発信する情報の「品質保証」ができるようになることが、科学的思考の大きなメリットである。

自らが発信したい情報のクオリティを高めようとすること自体は、日常生活でもビジネスの場面でも試みられるものだ。何かを主張したり新しい企画を提案したりする前に、説明におかしなところがないか、根拠は十分か、といった点をチェックし、必要に応じて修正を加える。あるいは、集めたデータの分析結果を示すことで、主張や提案にいっそうの説得力をもたせる、などなど。しかし、そこに科学的思考の力が加われば、もっと高品質な情報発信が可能となる。

科学的思考には、たとえば次のようなことの理解が伴っている。科学ではどのような説明が使われるのか。アイデアを明確に表現し、それがうまくいくかをきちんと確かめるために、科学ではどんな手立てが用いられるのか。どういう筋道で導き出された結論なら、科学では受け入れられるのか。科学のやり方をお手本にして、勘や経験則だけに頼ることなくこうした点が検討できるようになれば、品質に一定の自信をもって情報を発信してよいだろう。

科学的思考は日常の思考と地続きである

というわけで、現代を生きるどんな人にも、科学的思考を身につけることで得られるとても大きな実用上のメリットがある。ここで注意を喚起しておきたいのが、科学的思考は決して日常の思考と切り離されたものではない、という点だ。科学的思考がどんなに役立つにしても、「科学的」である以上は自分には縁遠いし、いきなり身につけろといわれても困る、と思う読者もいるかもしれないので、この点はしっかりと強調しておきたい。

科学的思考というのは、日常の場面でも行われる思考のうち、とくに有効に働くものに洗練が加えられ信頼性が高められていった先に、徐々に現れてくるものだ。だからこそ、日常生活を送る中で遭遇する有害な情報から身を守るとか、発信したい情報の品質を保証するといった機能を科学的思考が果たすことができるのである。本文で見ていくように、いくつか乗り越えるべきハードルがあるのは確かだけれども、日常の思考から出発してうまく進んでいけば、やがて科学的思考に到達する——そしてそれをサポートする——というのが本書の基本的なスタンスだ。だから、本文中での解説でもなるべく、まずは日常的な場面に即した例を取り上げ、次いで科学の事例に移る、という流れにしている。

そんなわけで、**日常の思考と科学的思考は連続している**と考えるべきものなのだが、この捉え方は筆者の独創でも何でもなく、繰り返し表明されてきた見方である。せっかくなので、そのことを示唆する発言を有名な科学者たちの著作から引用しておこう。

概念を形成する科学的なやり方は、われわれが日常生活で行うものと、基本的には変わりない。違うのは単に、それよりも厳密な概念の定義と結論、ずっとシステマティックで大きな労力を要する実験材料の選択、そしていっそうの論理的な無駄のなさである。

――アルベルト・アインシュタイン

二重らせん［DNAの構造］の発見について、次のことを強調する必要があると思う。その発見に至る経路は、科学的にいえば、きわめて日常的なものだった。

――フランシス・クリック

科学が成功したもうひとつの理由は、その核心部にエラー修正機能が組み込まれていることだ。エラーがあれば修正するというのは、何も科学だけの特徴ではあるまい、と思う人もいるかもしれない。しかし私にいわせれば、自己批判に努めたり、自分の考えを外界と照らし合わせたりするとき、人は科学しているのである。

――カール・セーガン

科学とはどんな活動なのかを理解する

さて、右の引用中では、本書で扱う重要なトピックもいくつか触れられている。アインシュタインの発言でいえば、概念や定義、実験（やその材料の選択）などがその例である。そうしたトピックについて学ぶことは科学的思考を身につけるうえで欠かせないし、また現代の科学がどうやって営まれている活動なのか理解することとも切り離せない関係にある。この点が、本書のもうひとつの——先に述べた実用的なメリットの提供とはさしあたり別の——ねらいに直結する。

現代の科学は、とどのつまり、できるだけ信頼のおける手立てを使ってクォリティの高い情報を生み出そうと試みる活動である（その産物としての理論的な知識も科学に含めてよい）。本書ではそうした活動としての科学を成り立たせている色々な特徴を解説していくが、それを通じて**「なるほど、科学ではこうやっているのか！」というふうに読者の知的好奇心が満たされるようにしたい。**そうすることができれば、筆者としても圧倒的なうれしさを感じる。

ものごとの理解をもたらすことで知的好奇心を充足させるというのは、本文中ではややマイナーな点ではあるけれども、まぎれもなく科学の大事な役割である。本書もまたそれと似た機能を果たすことで、科学的思考を身につけるためのよきガイドとして働くことに加えて、科学という人間の営みそのものについての読者の理解を向上させて、好奇心を満たすきっかけとしての役割も担うだろう。

この目標を着実に成し遂げるために、本書では読者に立ち止まって考えてみてほしい「問題」をちりばめたし、また内容によっては少し掘り下げた説明も行った（本文に収まり切らない点はコラムで補足している）。入門書でありながら、ところどころそうした「やや深い」解説も織り交ぜているのは、本書の大きな特色のひとつである。

それではスタートしよう！

目次

第3章　科学的思考を阻むもの――心理は真理を保証しない

第1章　科学的思考をスケッチする

本書では科学的思考を扱う。でも、そもそも科学的思考とは何だろう？

この問いに「科学的に考えることだよ」と応じるのは、中身のない答え方だ。同じく「論理的思考とは何か」とか「創造的思考とはどういうものか」といった問いに対して、「はい！　論理的に考えることです！」や「それは創造的に考えることさ」などと返すのも、まるで空虚な答え方だろう。このように、およそ「〇〇的思考とは何か」という問いに「それは〇〇的に考えることである」と答えるのは、もちろん間違いではないけれども、情報の量やありがたみが増えているわけでもない。

だから、科学的思考とは何かについて中身のあることを述べるには、それに先立って「科学」とは何か、あるいは「科学的」とはどういうことかを、多少なりともはっきりさせておかなければならない。本章では、次章以降で扱うトピックのいくつかに予告的に触れながら、この課題に取り組むことにしよう。それを通じて、科学的思考とはどのようなものかについて、おおまかなスケッチを描くことができる。そのうえで、そのスケッチの細部や足りないところをさらに描き込んでいくのが、第2章からの課題だ。したがってこの章は「ざっと目を通す」という読み方をしてもらっても結構である。

1　科学的とはどういうことか――科学的ではないものとの比較

何かの輪郭をつかまえるためには、その何かではないもの、あるいはその何かだとはいいにくいものと比べてみることが有効だ。ここでは、見るからにあまり科学的とはいえないものとの比較を通じて、科学に見られる特徴のいくつかを押さえることにしよう。さっそくだが、その題材として、以下の文を読んでもらいたい。

ある恐怖体験

ある夏の夜、寝ていると、近くから人の声のようなものが聞こえ始め、胸を圧迫される感覚が始まった。はっと目を覚ましたところ、胸の上に正座している白髪の老婆の姿が目に飛び込んでくる。老婆は、両手を合わせながら、お経のような言葉を唱え続けている。

あまりの恐怖で飛び起きようとするけれども、手足はまるで何かに押さえつけられているかのように、まったく動かすことができない。やがて老婆は、かっと目を見開くと、手を伸ばして首を絞めてきた。その力は徐々に強くなっていく……が、そのあとの記憶がなく、気がつけば朝を迎えていた。残ったのは恐怖と疲労だけだ。

読者は、金縛りを実際に味わったことがなくても、その恐怖体験について耳にしたことはあるだろう。意識があるにもかかわらず、手足を動かすことはできないし、胸や首に圧迫感を覚える。ときには、この例のように胸の上に老婆に乗られたり、あるいは血まみれの落ち武者が登場してきたりする。筆者のゼミには、金縛りにあったときに、マリー・アントワネットが身体の上に降ってきてとても苦しかった、という体験談を語ってくれた学生もいる。

説明するものとしての科学

さて、こうした奇怪で恐ろしい体験を伴う金縛りとは、いったい何なのだろうか？　もしかすると「この世には、科学では説明できないできごとがあるのです」というよくあるフレーズで片づけられてしまうかもしれない。金縛り中の体験は、科学では説明がつかないできごとなのだ、と。しかし、そんな対応はとうてい科学的とはいえないだろう。

科学とは説明するものである。少なくとも、説明の試みを簡単に放棄してしまうようなものは、科学的とは認めがたい。科学的に考えようとする限りは、金縛り中に起こる現象に関しても、ただ単に「不思議なことが起こりました」といった報告で済ませてはいけない。何らかの説明ができないか、と考えることが求められるのである。

では、説明とは何か。説明することで目指しているのは、ひとつには「なぜ」「どのようにして」といった問いに答えることで、わからないこと——「謎」といってもよい——を減らすことだ。説明にも種類があるが、科学でひときわ重要なのが、できごとの原因について述べるタイプの説明である。「あの現象はどうして起こるのか?」という問いに対して、「これがその現象を引き起こしているんですよ」と答えるのが、そのタイプの説明だ。原因について述べれば、その現象にまつわる謎がひとつ減ることになるわけである。金縛りを科学的に考えようとすれば、科学では説明できない謎のままにしておくのではなく、金縛りを引き起こす原因についての説明が欠かせない。

一般に、AとBというふたつのできごとの間に、「Aが原因となってBという結果が生じる」という関係があるとき、AとBには**「因果関係」**が成り立っているという。原因の「因」と結果の「果」を合わせたのが「因果」だ。因果関係を考えたり説明したりすることは、科学という営みの——ということは科学的思考の——核心に位置しているので、次章で詳しく扱うことにしよう。

しかし、科学にとってどれほど大事であるとはいっても、因果関係についての説明なら何でも「科学的」になるわけではない。説明にはクオリティの差がつきものだからである。次の問題を通じてその点を考えてみよう（あくまでも解説用の題材であるから、答えにくいときでも気楽に先へと読み進めてほしい）。

問題 次の①と②では、どちらの説明の方が「科学的」だろうか。思いつく理由とともに答えよ（ただし理由はひとつに限られない）。

①「心霊説」：金縛りが生じるのは、何らかの霊にとりつかれているせいである。寝ているときにその霊が現れて、手足の自由を奪い、胸を押さえつけたり、首を絞めたりするのだ。

②「睡眠麻痺説」：金縛りとは、睡眠麻痺と呼ばれる現象であり、それはしばしばナルコレプシーという病気の症状として、入眠時幻覚を伴って生じる。ナルコレプシーになると、日中にも突然強烈な眠気が襲うため、たとえば他の人との会話中でも本人が気づかないまま眠り込んでしまうこともあるほどである。このナルコレプシーは、覚醒に関わる脳の機能の異常が原因で起こり、近年の研究では、脳の中でオレキシンという分子を作り出す神経細胞が働かなくなることで生じると

されている。

読者の多くが、①の心霊説よりも②の睡眠麻痺説の方が科学的だと思うだろう。実際、②は金縛りやそれに伴う恐怖体験についての標準的な説明でもあるから、それで正解である。ただ、その理由の解説に移る前に、①もまた金縛りの原因についての説明を試みてはいることを確認しておきたい。

①の心霊説によれば、金縛りで手足が動かないことや胸や首の圧迫感などは霊の仕業である。金縛り中に老婆や落ち武者の姿を目にすることがあるのも、それが金縛りを引き起こしている原因である当人（霊）たちなのだから当然、という話になるわけだ。このように、①も金縛りにまつわる因果関係の説明を試みてはいる。しかし、この問題では、それでも②の睡眠麻痺説の方が科学的といえるのはなぜか、と問われているのである。ポイントはいくつかあるので、以下では順を追って解説していこう。

使われている用語や概念の違い

はじめに取り上げたいのは、説明の中で使われている言葉に大きな違いがあるという点だ。これは気づきやすいポイントだろう。科学的な説明では、**専門的に確立された用語が**

使われるのである。「科学の言葉」で語られる、といってもよい。
比べてみよう。②の説明には、「睡眠麻痺」「ナルコレプシー」「入眠時幻覚」「オレキシン」「神経細胞」といった、専門的に確立されている用語が登場する。この場合、専門的に確立されているというのは、医学や生理学、神経科学などの分野で、それぞれの用語をどう使うかについて一定の合意があることを意味している。要するに勝手な使い方は許されないので、表す内容の揺らぎが少ないのだ。このことを、**「用語が明確に定義されている」**と表現してもよい（睡眠麻痺などの具体的な定義については各専門分野の教科書や事典などを参照してほしい）。
だが、それに対して①の「霊」はどうだろう？　この言葉は、心霊説で最も重要な役割を担っている。けれども、専門的に確立された用語と呼べるほど使い方に合意があるとは思えない。金縛りやそれに伴う恐怖体験について、「霊」という明確な定義を欠いた言葉を使った説明を聞かされる——これではかえって謎と困惑が増すばかりだ。わからないことを減らすのが説明の目的であるはずなのに、①のような説明は、それにはあまり貢献してくれそうもない。
こうした点を**「概念」**の違いによるものとして捉えたくなる読者もいるだろう。概念とは、さしあたり思考のパーツのことだと思ってもらえばよい。睡眠麻痺について考えているとき、その思考の中には睡眠麻痺に対応するパーツがあるわけだ。それが、睡眠麻痺の概念である。思考とは、たとえるならレゴブロックのように、こうした概念というパーツを組み合わせて構造物を作っていく過程にほかならない。

そして、用語と同様に概念に関しても、専門的に確立されたものか、少なくともある程度はっきりした定義はあるのか、といった点が問われることになる。明確に定義された概念を使って思考するのは、きちんとした形や機能を備えたブロックを使って堅固な構造物を組み立てるようなものだ。

睡眠麻痺やナルコレプシー、神経細胞やオレキシンなどの概念を使えば、睡眠麻痺説のようなしっかりした説明を考えることができる。だが、霊という頼りない概念は、いわば整った形がなく機能もあやふやなブロックであるため、ほかのブロックと組み合わせて何かをうまく組み立てるのは簡単ではない。こうして、どんな概念を使うかによって、仕上がっていく構造物——つまり思考——のクオリティの差は歴然としてくるのである。

というわけで、**説明や思考が科学的かどうかのポイントのひとつは、専門的に確立された用語や概念の使用に求められる**。いいかえれば、**用語や概念が明確に定義されているかどうかが問われる**のである。ここで、「そもそも定義とは何ぞや?」という鋭い疑問をもった読者もいるかもしれないが、定義についての説明は（実はどんな用語・概念でも明確に定義できるとは限らないという注意点も含めて）次の節までお待ち願いたい。また、本書にはさまざまな用語や概念が登場してくる。その理由は、それらを身につけることで、科学という営みや科学的思考そのものについて整理して考えられるようになるからだ、と思ってほしい。

理論的な説明はできるのか？

使われている用語や概念の違いは、次に挙げるポイントにも密接に関わっている。②の睡眠麻痺説は、金縛りにまつわる因果関係についての説明――これ自体は①の心霊説でも別の方向で試みられているけれども――に加えて、**「メカニズムの説明」**もさらに含んでいるのだ。第5章で詳しく解説するが、さしあたりメカニズムとは物事が起こる詳しい仕組みのことだと捉えてほしい。

②の睡眠麻痺説ではまず、金縛りを症状とするナルコレプシーの原因は覚醒に関わる脳の機能の異常であるとして因果関係が説明されている。しかし、そうした異常はどうやって生じているのだろうか。その謎を減らすには、脳という臓器よりもさらに細かい対象やプロセスに説明のフォーカスを合わせなければならない。オレキシンを生み出す脳内の神経細胞が働かないことを持ち出してくる必要があるわけだ。ここが②で行われているメカニズムの説明である。

先に述べた通り、科学とは説明するものではあるが、あるできごとについて何らかの説明がつけられたとしても、「ではその説明が成り立つのはなぜですか？」と問われる余地が常に残る。そうした問いに答えることで「もとの説明に関してわからないことを減らしていく」というタイプの説明は、**「理論的な説明」**と呼ばれる。いわば「説明についての説明」をするのが、理論的な説明である。②の睡眠麻痺説にあるように、ある因果関係についての説明が成り立つわけをメカニズムから説明するのは、最もよく行われるタイプの理論的な説明だ。

理論的な説明ができるということは、説明と説明の間に結びつきがあることを意味する。というより、そうした結びつきによって複数の説明がひとまとまりになったシステムのことを**「理論」**と呼ぶのである。さまざまな説明が織り成すネットワーク状の構造体として理論のイメージが描けるとよい。ある説明を理論というネットワークの中にうまく組み込むことができれば、その説明についての理論的な説明が与えられたことになる。

①の心霊説の弱点はまさしくここにある。金縛りの因果関係を説明するのに霊を持ち出してしまうと、そのメカニズムについての説明をはじめ、理論的な説明がほとんど期待できなくなるのだ。

――霊はどうやって寝ているときにだけ現れて、手足を動かないようにしたり、首を絞めたりしてくるのだろう？　霊は何でできているのだろう？　もし霊が物質でできていないとしたら、物質であるはずの人体に働きかけられるのは、どんなメカニズムのおかげなんだろう？

心霊説では（少なくとも①として示したシンプルな形の心霊説では）こうした問いにまともに答えられそうもない。それはせいぜい「だから霊が引き起こしているんですよ」という同じ説明を繰り返すにとどまり、理論というシステムの中で他の説明と結びつけられる見込みも乏しい。この点で、②の睡眠麻痺説との質の開きはとても大きい。

このように、ある説明が科学的かどうかの第二のポイントとして、**理論的な説明の可能性**が挙げられる。つまり、**その説明がなぜ成り立つのかも含めて説明できるか、少なくともそうした説明を試みる用意があるか**、という点が大事なのだ。したがって、科学的に考えられるようになるためには、どんな説明ができるかを考え、さらにその説明がどう説明できるのかも考えていく、という能力を身につけるのが望ましいのである。

検証を試みるものとしての科学

ここまで読んできて、不満を募らせてこういいたくなった読者もいるかもしれない。

「いや、そういうタイプの説明や用語や概念よりもずっと大事なポイントがあるぞ！　それは実験や観察で確かめられているかどうかだ！」と。つまり、説明の裏づけとなる証拠が求められている、というのである。

おっしゃる通りである。科学が説明するものであるのは間違いないが、そこで終わりではなく、実際にその説明でうまくいくかどうかを確かめようとする。その試みを**「検証」**という。そのときの説明はまだ検証が済んでいないという意味では「仮のもの」だから、その点を強調するには**「仮説」**という言葉を使うとよい。なお、「検証」を「１００パーセント正しいことの立証」という意味で使う文脈もあるが（英語の“verification”の訳語である）、本書ではこの言葉をもっぱら「テストして確かめること」の意味で用いる。

ここで、もとの「金縛り問題」で示したふたつの説明を仮説として見たうえで、検証という観点からあらためて比較してみよう。②の睡眠麻痺説を検証するには、睡眠の状態や脳内の神経細胞の働きなどについて何らかの実験や観察を実施してみればよいし、実際この仮説はそうした検証によって確かめられていると考えられる。だからこそ、②は金縛りやそれに伴う恐怖体験についての標準的で信頼できる説明になっているのだ。

一方の①の心霊説は、それを確かめようにもどう検証すればよいかよくわからない。霊が金縛りやそれに伴う恐怖体験を引き起こしている――いったい何をしたらこの仮説を裏づけるような証拠が得られるのだろう？　この疑問に対してもし「信じるか信じないかはあなたしだいです」といった応答しか返ってこなければ、そもそも実験や観察によって検証する手立てを欠いた仮説だったわけである。

以上はこうまとめられる。説明・仮説が科学的かどうかは、**検証によって確かめられているのか、少なくとも検証を試みることができるかどうか**がポイントになる、と。科学が信頼できるやり方で情報を生み出せるのは、それが**仮説検証を試みる営みであるからだ**、と述べてもよいだろう。

そしてこれに関連するのが、科学が**制度化された集団的な活動である**という点だ。科学者のコミュニティは特定の分野の専門家からなる学会を組織し、その中で互いに仮説をチェックする手続きを定めている。それを実行することで、できるだけ信頼できるやり方で質の高い情報を生み出そうとしているのである。

このことも金縛り問題の大事なポイントとして挙げたい読者がいるだろう。②の睡眠麻痺説は、睡眠について専門的に研究している**科学者のコミュニティ**によって、制度的に質のチェックや保証が行われていると考えてよさそうだ。それに対して①の心霊説は、おそらく睡眠の研究者たちにはそもそも取り合ってもらえていないだろうから、その質はまったく当てにならない。

実のところこの相違は、専門的に確立された用語の使用という最初のポイントとも直接つながっている。説明や仮説で使われる用語が、科学者のコミュニティでの定義におおむね当てはまるものでなければ、制度にもとづくチェックがうまく受けられなくなる。そうなると、説明や仮説の質を高めていくことは難しくなってしまうのである。制度化された活動としての科学という重要なテーマは、本書では最終章の第7章で扱うことにしよう。

――ほかにもまだポイントを挙げていくことはできるけれども、同じ問題が題材だと飽きてくる頃合いだろう。そこで、いったん節をあらためて、別の切り口から解説を進めていきたいと思う。すでに予告したように、扱うのは「定義」だ。

2 定義について考える

明確な定義が役に立つ場面

何かについて考えたり主張したりするうえでは、使う言葉や概念を明確に定義しておくのが、たいてい有効な手立てとなる。**はっきりした定義があれば、無用な混乱やすれ違いを避けながら思考や議論が進められる**だろう。こうした定義のありがたみは、科学に限らず日常的なケースにも見てとりやすい。次の例で考えてみよう。

ギャンブルは合法化されるべきだ。なぜなら人はギャンブルを避けられない。ギャンブルは人生の一部である。自転車に乗ることや結婚をするといった決定をするたびに、人はギャンブルをしている。

この主張のおかしなところはどこだろう。「ギャンブル」という言葉が何を指すのかが揺らいでいる、というのが答えだ。最初の方では合法化の話をしていることから、カジノなどでやるような、運が絡み、金銭をやり取りするタイプのゲームを指して「ギャンブル」といっていることがわかる。しかし後半では、何らかのリスクを伴うあらゆるものにその範囲を広げているのである。そのせいで、この主張には混乱が生じている——というよりも一種の「詭弁」になっていると見るべきであろう。

こうした主張に騙されないようにするには、定義の確認を相手に求めてみるとよい。「『ギャンブル』という言葉をどういう意味で使っていますか?」とか、「あなたのいうギャンブルの定義を教えてください」というように。

一般に、複数の意味がある言葉や曖昧な概念については、定義を確認したり、その場で決めたりするのが悪くない手である。「定義」というと仰々しい印象を受けるかもしれないが、そんなに難しい話ではない。たとえば「鈴木さん」だけでは誰のことかはっきりしない、というのはよくある状況だ。そこでどの鈴木さんなのかを明確にしておく、というのは珍しくないやり方だろう。「これは鈴木タカユキさんのことだけど」「イクロウさんの方の鈴木さんね」「マコトさんじゃないとしたら、え、まさかホナミさん？」などと「鈴木さん」のその場での定義を確認したり、そのつど決めたりするわけだ。

定義の色々（1）明確化定義

さて、一口に「定義」といっても、実はいくつか種類があり、区別のためのラベルも存在している。まず取り上げたいのは、ここまでに出てきた例に関連する**「明確化定義」**だ。これは、曖昧さや不明瞭さを取り除くことを目的とした定義であり、日常的な場面で定義といえばたいていこの明確化定義を指すと思ってよい。

「ギャンブル」だけではどんな範囲まで指すのかが曖昧なので、金銭のやり取りがある運の絡むゲームに限定する。「鈴木さん」はたくさんいるので、そのうちの誰なのかをはっきりさせておく。どちらも明確化定義の例なのである。

次の問題で練習してもらおう。少し「なぞなぞ」的なので、頭をひねる必要があるかもしれない。

問題 「今日は気温が32度しかないからさすがに冷え込むね。外にいると凍えそうだよ」。この発言は、はじめは奇妙に聞こえるけれども、言葉づかいが紛らわしいだけで、実はごく普通の主張なのである。その紛らわしさはどこにあり、また、どんな手立てを講じれば、聞き手の混乱を防げるだろうか?

――「気温が32度」という表現に複数の意味があることに気づけただろうか。日本では、摂氏つまり「℃」で表されるセルシウス度を温度に用いるのが一般的である。しかし、米国などの少数の国では、温度に華氏「°F」（ファーレンハイト度）が使われる。この発言でいう「気温」とは、その華氏での温度だと考えられるのだ。華氏（°F）は、摂氏（℃）の温度を1・8倍して32を足すと得られる。

というわけで、実はこの発言は「今日は気温が32°Fしかない」という主張であり、それなら32℃ではなく0℃のことだから、「凍えそうだよ」との主張も別段おかしくはなかったのである。聞き手の混乱を避けるには、「気温」が摂氏と華氏のどちらなのかをはっきりさせればよいだろう。まさしく明確化定義が講じるべき手立てとなるのだ。

ちなみに、科学のトレーニングを受けた人はひときわそうした点にこだわりがち、というのはよくある話だ。「その『重さ』というのは、質量と重力のどっちなの？」と確かめたくなるし、「『お前には一万光年早いぜ』っていうけど、『光年』は時間じゃなくて距離の単位だよ！」とツッコミを入れずにはいられないのである。この種のいわゆる「あるある」は、明確化定義がもたらすメリットの大きさあってのものではないだろうか。

定義の色々（2）操作的定義

次に、明確化定義に近いものとして、**「操作的定義」**を取り上げたい。操作的定義は、科学的思考との結びつきが深く、とくに直接的には観察できないものを扱えるようにするために使われる。

たとえば「知能」や中流や下流などの「階級」は、どちらもそのままでは目に見えないし、人によって抱くイメージにもばらつきがある。そこで操作的定義の出番となる。知能テストの得点や資産総額の範囲といった数量的な物差し（尺度）にもとづいて、知能や階級を定義するのだ。そうして、捉えがたい対象でも測定可能になれば、他の人とも共有できる形で扱えるし、検証可能な仮説も立てられるようになる。このように、操作的定義とは、実験や調査の操作の手続きによって確かめられる内容として用語や概念を定義することをいう。

ただし、操作的定義については、定義の適切さをめぐって意見が割れる可能性に注意したい。それは定義する側の「さじ加減」がうまくいっていない場合だ。「中流階級とは、資産総額が10億円から100億円の範囲にある世帯のことだ」とする定義は、確かにはっきりした操作的定義ではあるけれども、とうてい賛同は得られないだろう。明確化定義も内容があまりにも勝手なものだったら同様のことが起こりうる。

操作的定義の考え方は、日常の場面にも応用することができる。しばしば聞かれる「座りっぱなしの生活を続けていると早死にしやすい」という主張は、色々な疑問を招くだろう。一日2時間でも「座りっぱなし」といえるのか。それが1週間で終わっても「生活を続けた」ことになるのか。75歳で死んだら「早死に」なのか。そこで「毎日8時間を超える」「10年以上続けている」「60歳未満での死亡リスクが5パーセント高まる」という具合に、何らかの測定が可能な形に定義すれば、曖昧さを大幅に取り除くことができるのである。

定義の色々（3）必要十分条件による定義

科学でよく用いられる定義として、もうひとつ**「必要十分条件による定義」**にもごく簡単に触れておこう。これは、定義の中でも最も厳密とされるタイプの定義だ。

数学では必要十分条件による定義が使われる。正三角形とは三辺の長さがすべて等しい三角形のことである、という正三角形の定義がその例だ。正三角形であるにはこの条件を満たす必要があるし（必要条件）、この条件を満たしていれば十分に正三角形である（十分条件）。必要十分条件による正三角形の定義では、正三角形であることの条件がいっさいの過不足なく述べられており、この条件を満たさなければ、正三角形ではありえない。つまり、正三角形の必要十分条件は、正三角形とそれ以外のものを完全に分け隔てているのである。

では、水を必要十分条件によって定義するとどうなるか。それはおおよそ「水とはH_2Oでできた物質のことだ」に類したものになるだろう。H_2Oでできた物質であれば水であり、水であるならそうした物質であるほかない。それは、科学がこの世界の姿を明らかにしていく過程で突き止められた、いわば水の「本質」を述べたものなのだ。そんなわけで、必要十分条件による定義は「本質的定義」とも呼ばれるが、そこにはしばしば科学の進展を通じてもたらされた成果が結晶しているのである。

定義にも苦手なものはある

定義はうまく使えればとても役立つが、残念ながら万能のツールというわけではない。

ここではとくに、必要十分条件による定義にも——むしろそれが厳密な定義であるからこその——苦手なものがある、ということを手短に説明しておきたい。そうしたケースの存在を知り、定義の限界をわきまえておくことで、しかるべき場面でいっそう有効に定義が使えるようになるだろう。

必要十分条件でうまく定義できないものとしてよく挙げられる例が「ゲーム」である（この例は哲学者のウィトゲンシュタインに由来する）。正三角形や水を定義するのと同じ厳密さでゲームとは何かを定義せよ、という求めに応じるのはきわめて難しい。

「ゲーム」という言葉は、ボードゲームやカードゲーム、テレビゲーム、卓上遊戯、ボールを使った遊び、格闘技など、多種多様な営みを指す。そこには、勝敗を競う、サイコロやカードやボールのような道具が使われる、多人数が参加する、娯楽性がある……といったさまざまな特徴が見られる。けれども、そのどれひとつとして、あらゆるゲームに、そしてゲームだけに共通する特徴とはいえない。勝敗のない一人用のゲームもあるし、道具を使わないゲームもあるからである。スポーツはゲームの一種だが、プロ選手がそれを娯楽として楽しんでいるとは限らない。

ゲームという概念は、どうやら必要十分条件によっては定義できそうもないのである。ゲームには本質と呼べるものはなく、互いにちょっとずつ似た色々な活動の緩やかなまとまりを「ゲーム」と呼んでいるにすぎないのだ。ゲームをいくつかのサブジャンルに分けたうえで、それぞれについて明確化定義をすることとならある程度できるかもしれないが、操作的定義は困難だろう。

必要十分条件による厳密な定義は、もし手に入るならありがたいものだが、ゲームの例からわかるように、相手にすることがらの性質によってはうまくいかない。そして似たようなことは、「生物」のように科学で扱う対象でも起こる。

生物を必要十分条件によって定義することも簡単ではない。というのは、生物をそれ以外のものから完全に分け隔てるような本質は見つかっておらず、しかも生物と無生物の境界に位置するウイルスのようなものが存在することまでわかっているからだ。それでも生物学という学問は問題なく成り立っているし、生物について中身のある理解が阻まれてしまっているわけでもない。これは必要十分条件による定義が苦手とするものの実例であるとともに、それなしでも科学が営めるケースもあることを示している。

以上から教訓を引き出しておこう。用語や概念の定義をはっきりさせられるならそれに越したことはないが、どんなときにも必要十分条件をとにかく要求する、といった態度は行き過ぎである。定義の話になったら、定義の種類や有効性、そしてその限界を理解したうえで、何のためにどんな定義を使うのかを意識できるようにしたい。

コラム1

続・定義の色々

定義にはこの節で扱った以外にも種類がある。いくつか紹介しておこう。

第一に、最も簡単で日常的な定義として、「直示的定義」が挙げられる。乳幼児にネコの現物を指し示して「ほら、これがネコさんだよ」と教えるのが、直示的定義の例である。

第二に、これも日常的な定義の一種だが、辞書に記載されている内容を定義とする「辞書的定義」もよく使われる。辞書を引くと、たとえば「民主的」とは「民主主義の精神にかなっている様子」というような辞書的定義が確認できる。なるほど「民主的」という言葉の一般的な使い方がこれでわかるし、通常はそれで間に合うかもしれない。しかし、そこに含まれる「民主主義」やその「精神にかなっている」とは一体どういうことなのかを考え出すと、辞書的定義ではすぐに足りなくなる。残念ながら辞書的定義だけでは、そうした複雑な用語や概念の正確な内実まではわからないのだ。

第三に、今度は、操作的定義などと同様に科学と関係の深いものとして、「約定《やくじょう》的定義」もしくは「規約的定義」がある。「約定（規約）」とは「取り決め」のことである。「赤道から北極までの長さの1000万分の1を『1メートル』とする」とか「相対性理論から存在が予想されるこの天体を『ブラックホール』と呼ぼう」という具合に、一種の取り決めを通じて新しい用語に意味を与えるのが、典型的な約定的定義だ。ちなみに、右の1メートルの定義は18世紀に決められたものだが、現在では「光が真空中で2億9979万2458分の1秒間に進んだ距離」という定義に変更されている。

一方、「銀」のように有史以前からある言葉に、近代科学の成果を反映した新しい意味を与える――「銀」とは原子番号47の元素のことである――といったケースも約定的定義として理解できる。この銀の例からわかるように、約定的定義は本質的定義と重なることもある。科学の進展を通じて明らかになった原子レベルの事実にもとづいて、銀についてのあらたな約定的定義が導入されているわけだ。

第四に、やはり科学の成果に大きく負う定義として、「理論的定義」を挙げておきたい。これは、あるものを説明する理論を提案すること（もしくは要約すること）で、それを定義することをいう。たとえば、ニュートン力学における「力」は、日常的な感覚で捉えられる力とは異なり、まさにニュートン力学という理論そのものによって定義されるもののことになるわけだ。そうして定義される力の概念を身につけるには、結局のところニュートン力学に習熟するまでトレーニングを積まなければならない。理論的定義はお手軽ではないのである。

――このように定義にも色々な種類があるわけだが、こんな疑問をもった読者もいるかもしれない。そもそも定義とは正確にいって何なのか、つまり「定義」をどう定義するのか、と。実はこれは、科学的思考という本書のテーマを超えて、哲学の領域で議論が続いている問題である。関心のある読者は宿題として考えてみてほしい。

3 「科学」のふたつの意味——歴史的な視点をまじえて

「科学」とは何か、「科学的」とはどういうことかをはっきりさせる作業を続けよう。そうした問いを考察する学問分野のひとつが科学哲学である。現代の科学哲学を代表するひとりにピーター・ゴドフリー＝スミスがいる。ゴドフリー＝スミスは『タコの心身問題』という著作（邦訳あり）でも知られているが、定評ある科学哲学のテキストも書いている（第2版まで出ているが残念ながら未邦訳の *Theory and Reality* という本である）。

このゴドフリー＝スミスのテキストによれば、「科学」という言葉には、大きくふたつの意味がある。それを簡単にまとめ直すとおおよそ次のようになる。

広い意味での科学　観察にもとづく証拠を導きとして、アイデアを検討・評価したり、何らかの問題を解決したりする活動。

狭い意味での科学　17世紀以降にヨーロッパで起こった科学革命から生まれた探究活動。

「科学革命」についてはあとで説明するが、これは科学の明確化定義としても実に有用な区別だ。本節では、この区別をもとに、歴史的な視点もまじえて科学の特徴をさらに洗い出していきたい。

広い意味での科学

広い意味での科学が「広い」のは、それがどの時代・どの文化にも見られる人間の基本的な活動だからである。これから外出しようとするときに、雨が降りそうかどうかを雲の様子を見て判断する。風邪を引いて熱が出ていないかを確かめるために、額に手を当ててみる。降雨や発熱についての自分の考えを、ラフにではあるけれども、観察にもとづく証拠と照らし合わせて検討・評価している。その点で、こうした日常的にありふれた行動も、広い意味での科学といえるのだ。

第1節で出てきた表現を使えば、広い意味での科学には、仮説を裏づける証拠の有無による検証の試みが含まれているといってよい。もっとも、証拠は何でもよいわけではなく、一定の質が問われる。飛ばした下駄が裏側だったというのは、今日は雨が降るという仮説の証拠としては使い物にならない。

「エビデンスはあるんですか？」という問いかけは、少し攻撃的な色彩をしばしば帯びてしまう。けれども、広い意味での科学という観点から見れば、証拠やその質の重視につながるという意味では、必ずしも悪い問いかけではない。それに、何かを聞かれたときに、当てずっぽうに答えるのではなく、それなりの証拠を用意しておくのは、「広い意味で科学的」な考え方や態度といえるだろう。こうした意味での「科学」という活動なら、科学者のコミュニティに属する専門家に限らず、ほとんどの人間が普段から取り組んでいるはずだ。

そして、広い意味での科学は、科学が合理的な活動といわれるときの、その合理性の一面を捉えたものでもある。17世紀英国の哲学者フランシス・ベーコンが『ノヴム・オルガヌム』に記している次の逸話を通して考えてみよう。

そういうわけで、難破の危機を免れて、祈願を成就した人々の絵が寺院にかけられているのを見せられて、ある人が、「それでも神々の力を認めないのか」と問い詰められたとき、「しかし、願いをかけたのに死んだ人々の絵はどこにあるのか」と問い返したのは、もっともである。占星術、夢占い、予言、神の賞罰のような、すべての迷信のやり方は同じ流儀であって、こうした例でこの種の虚妄に魅せられた人たちは、それが満たされる場合の出来事には注目するが、しかし裏切る場合には、どれほど頻度が大きくても、無視し見逃すのだ。（中略）あらゆる正しい公理を形づくるには、否定的な事例のもつ力の方がずっと大きいのである。

この引用文には広い意味での科学のもつ合理性が示されており、「もっともである」という言葉がそれを表している。「あなたが引き合いに出している絵だけでは、神々の力の証拠にはならないんじゃないですか？」「願いをかけたのに死んだ人たちのことを無視していませんか？」「もしかすると、ご自身に都合のよい絵だけを私に見せているに過ぎないのでは？」……という具合に、まともな証拠があるかをきちんと確認しながら、相手のアイデアや仮説に検討・評価が加えられているわけだ。

またこのとき、神々の力とともに、占星術や夢占いなども、エビデンスにはならないものとして退けられている。「合理的」という評価には、そうした神秘的なものを引き合いには出さない、という意味もある。第1節の金縛り問題を思い出そう。心霊説のようにメカニズム不明の神秘的な作用を認める仮説は望ましくないのである。

さて、ベーコンがこの逸話を紹介している『ノヴム・オルガヌム』は、科学の方法について論じた書であり、科学哲学の著作であるともいえる。その中では、本書でも解説していく重要なトピックがいくつか扱われている。たとえば、科学的思考を誤りに導く偏見にはどんな種類があるか。これは、現代風にいえば**「認知バイアス」**にまつわる問題である。あるいは、実験や観察を通じて得られたデータからどういう筋道をたどって仮説を導き出せばよいのか——要するに信頼できる**推論**とは何かが問われているわけだ。

そして、このベーコンの著作は、その内容もさることながら、刊行された時期（1620年）も重要である。それはまさに、次に見る「狭い」意味での科学の誕生、すなわち科学革命が起こった時代の開始点に位置しているのだ。

狭い意味での科学

科学革命とは、17世紀以降のヨーロッパにおける近代科学の誕生のことである。ニコラウス・コペルニクス、ガリレオ・ガリレイ、アイザック・ニュートンらによって引き金が引かれた知の大変動を指す。現代に通じる天文学と物理学の形成を中心に、この世界についての見方がそこでがらりと変わった——だからこそ「革命」と呼んでいるわけだ。

いま挙げた3人は科学史上のビッグネームだし、「科学」といえば科学革命以降の学問をイメージするのもごく自然なことだろう。そして、狭い意味での科学が広い意味での科学に比べて「狭い」のは、特定の時代と地域で起こった科学革命から生じた科学にフォーカスを絞っているからである。

狭い意味での科学には、どんな特徴があるだろうか。すでに触れた点にも関わるが、ひとつ目の特徴は、**日常的なレベルをはるかに超えた精度で、実験や観察、調査などを計画的かつ秩序立った仕方で行うようになった**ことである。ただ漫然と感覚に頼るのではなく、きちんとした「データ」を収集するようになった、と表現してもよい。

ガリレオによる実験や観察は、その古典的な例である。たとえば、物体の落下運動や放物運動を丹念に観察・測定するために、緩やかな斜面を用意して、その上で球がゆっくりと転がるようにした（有名なピサの斜塔の落体実験は伝説であって実話ではないらしい）。またガリレオは、当時の先端テクノロジーである望遠鏡を使って、月や木星やその衛星を観察することで、天文学の革新につながる詳細なデータを得ている。

現代では、非常に巨大な装置を使って、高度で複雑な実験・観察が実施されることも珍しくない。スイスのジュネーヴにある欧州原子核研究機構（CERN）では、物質を構成する極微の粒子を調べるために、大型ハドロン衝突型加速器という装置が使用されている。

これは、全周27キロメートルにも及ぶ――JR山手線の一周に近い――きわめて大規模な円形装置であり、その設置範囲はスイスとフランスの国境を横断しているほどだ。

狭い意味での科学のふたつ目の特徴は、こうした高度な実験や観察、そしてデータの収集を周到に行うためにも欠かせない、**数学の使用**である。ガリレオは「自然は数学の言葉で書かれている」と述べた。この世界の中で起きている現象を数や方程式を使って表現し、自然の中に数学的なパターンを見出そうとする。この試みが、広い意味での科学には見出しがたい、狭い意味での科学の際立った特徴なのだ。

「定量」と「定性」

この特徴については、用語を少し導入しておくと見通しがよくなる。何かを数量として、あるいは数式を用いて表現することを**「定量化」**とか「数量化」という。前節では、知能を知能テストで測定できるものと捉える操作的定義の例が出てきたが、これは知能の定量化の例でもあったわけだ。また、定量化されているという性質を指して**「定量的」**「数量的」「量的」と呼ぶ。どれも英語では“quantitative”であるから、意味は変わらない。

一方、定量的ではないことを**「定性的」**「質的」といった言葉で表す。どちらも英語では同じ“qualitative”である。「定性的」は「定量的」の対語という扱いだが（人文・社会科学では「量／質」が使われることが多い）、使われ方には分野などで揺らぎが見られる。とくに物事の定量化できないと思われる事柄を表そうという意図で用いられることもあれば、ただ単に数字や数式を用いずに言葉で性質を捉えることを指すだけの大まかな用法もある。総じて本書ではこの大まかな用法を使う。

例を挙げて説明しよう。「あのピッチャーは球界一の剛速球を投げる」と主張しただけでは、かなり大雑把な定性的な評価であるから、誰かから異論が出るかもしれない。でも、「あのピッチャーは最速で時速170キロメートルの球を投げる」という定量的な表現なら、本当にそうなのかを測定して確かめられるし、他のピッチャーと比較することで球界一かどうかも検証することが可能になる。野球ファンや映画『マネーボール』を見た人は、定量的なデータ分析にもとづく選手評価の手法であるセイバーメトリクスが今世紀に入って急速に普及したことをご存じだろう。評価のためのさまざまな「尺度」が作成・使用されるようになったのだ。現代ではスポーツも定量化が進んでいる。

近代科学に話を戻そう。数学の使用や定量化の例として「フックの法則」を取り上げたい。ロバート・フックもまた17世紀の人物である。フックは、顕微鏡を使って植物の細胞壁を発見したことでも有名だが、その名にちなむフックの法則は、ばねの伸縮とそれに関わる力との関係を述べたものだ（図1－1）。この法則は次の2通りの仕方で表現できる――

気になる読者向けに記すと、本書で「数式」と呼べるものはこの例しか登場しないので安心してほしい。

定性的な表現：ばねに力を加えると、ばねはその力の大きさに正比例する長さで伸び縮みする。ばねがもとの長さに戻ろうとする力（復元力）は、加えた力と大きさが同じで、向きは反対である。

定量的な表現：$F=-kx$（Fが復元力、xがばねの伸び縮みの長さ、kはばねの素材などで決まる定数。マイナスは、復元力の向きとばねの伸縮の向きが反対であることを表す）

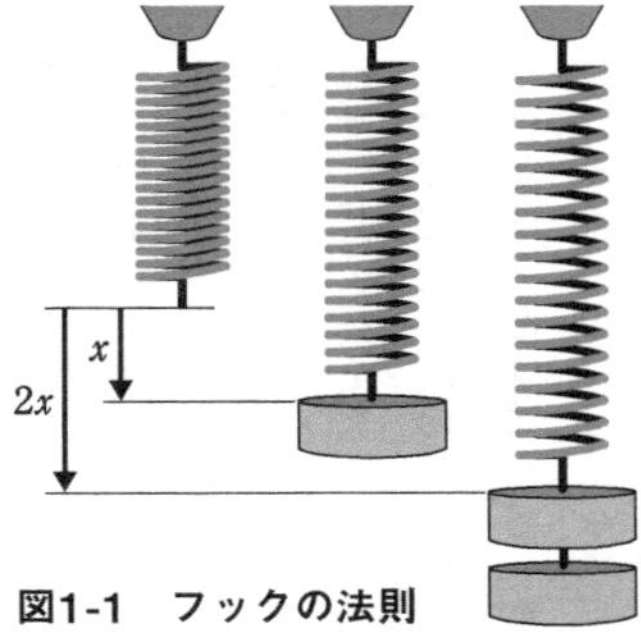

図1-1　フックの法則

ごらんのように、フックの法則の定性的な表現が不正確であるわけではない。けれども、数式による定量的な表現では、まさに自然の中に見出された数学的パターンとして精密に述べられている。このように、数学の使用という狭い意味での科学のもつ特徴は、定量化と切っても切れない関係にある。数式によって自然法則を捉えようとするのは、科学革命以降の物理学（ここではとくに力学）の中心的なアプローチにほかならない。

とはいえ、科学革命以降の科学でも、もっぱら定性的（質的）なやり方で研究が進められた分野もある。19世紀に進化論を提唱したチャールズ・ダーウィンも、ガラパゴス諸島では定性的な観察を行っていた。その点では、定性的な研究が科学的でないことにはならないし、定量的であることや数学の使用が、狭い意味での科学にどうしても必要な条件というわけでもない。つまり、定量性は狭い意味での科学の必要十分条件ではない——のだが、それでも現代になると、生物学も研究の大部分が定量的になっている。

そして、こうした事情は自然科学に限らない。人文・社会科学の研究でも、定量的にやれるところはできるだけ定量化を進めよう、という方向になりつつある。経済学には数学が必要というのはよく挙がる例だし、他には心理学でも——数学が入試で課されない文学部などで学ぶときでさえも——いまでは定量的な統計的手法の理解がほぼ必須となっている。本書の解説では、典型的な科学として自然科学を念頭に置いてはいるものの、その特徴の多くは人文・社会科学にも共通していると考えてもらって差し支えない（コラム2での補足も参照のこと）。

ちなみに、本書の担当編集者さんの知り合いには、何でもかんでも定量的にしなければ気が済まない科学者がいるという。コーヒーを淹れるにも、何グラムの豆を挽くか、何℃のお湯を何ミリリットル注ぐかまで、専用の器具を使って毎回きっちり測定する。これは、定量化を求める狭い意味での科学が、科学者としての厳しいトレーニングを通じて日常のふるまいをも律するようになった例といえるかもしれない。

さて、いまの話の中に「科学者」という言葉が出てきたが、現代のような高度な知的専門職としての科学者が――そして「科学者（サイエンティスト）」という言葉そのものが――誕生したのは、実はそれほど昔のことではない。それは、科学革命が起こった17世紀よりも200年ほどあとの19世紀のことである。その前まで「科学」は「自然哲学」と呼ばれており、ニュートンその人も「自然哲学者」だったのだ。また、何よりもその営みは、個人が趣味的に取り組むという性格が強いものだった。

だが、19世紀以降になると、物理学や化学、生物学や地質学といった個別分野の学会が設立され、大学でもきちんと教えられるようになっていった。それは、**科学者のコミュニティ**が形成され、**科学の制度化**が進んだ時期だということでもある。そうした制度化された活動により、集団的なチェックを通じた質の保証が行われるようになる――というあたりで、第1節の最後に扱った話題と合流するに至るわけだ。

コラム2 定性的・質的なものの位置づけ

定量化が学問の世界の流れではあるが、ここでは、定性的・質的なものがとくに重視される場面について少し補足しておこう。心理学や社会学などでは、質問紙やインタビューによる調査、会話や行動観察の記録にもとづく、質的なデータを用いる。文化人類学のフィールドノートや歴史学における史料などもそうしたデータの一種である。

こうした質的データを定量化して研究を進めることもなされるが、ごく初期の段階にある研究では、検証すべき仮説はおろか、それを表現するための用語や概念すらまだ存在しない、ということも生じる。そこで、質的データを検討しながら、適切な用語や概念を作り出したり仮説を形成したりする作業が必要となる。

一方で、そもそも定量的な扱いの難しい側面に焦点を当てた検討を行うことこそが、質的な研究の目的として設定されることもある。数学的なパターンの発見やその表現よりも、データのもつ意味の理解が大事という局面はとくにそうだ。たとえば、レオナルド・ダ・ヴィンチが残した手稿から、数々の独創的なアイデアがいかに生まれたかを探り出そう、といった研究には、質的な研究がふさわしいのではないか。

質的な研究・調査の具体的な方法や事例については、タイトルに「質的研究」「質的調査」というフレーズを含む入門書や概説書を手に取ってもらうのがよいだろう。あるいは読者によっては、質的な研究の信頼性や「量的／質的」の区別そのものに疑問が生じたかもしれない。そうした論点については本格的な研究が進められているので、みなぎるパワーと関心を持ち合わせている読者は井頭昌彦編『質的研究アプローチの再検討』などを参照してもらいたい。

「科学技術」としての科学

狭い意味での科学の特徴として、最後に**技術との結びつき**に触れておきたい。科学の制度化が進んだ時代には、産業革命以後であることを背景に、科学の実用性が前面に出てくるようになった。蒸気機関にまつわる課題の解決に熱力学を用いて取り組む、電磁気学がモーターや無線電信の発明につながる、といった例がそうだ。一方でその結びつきは、科学自体のいっそうの発展にも寄与した。新しい技術にもとづく器具や装置によって、それまで以上に高いレベルでの定量的・計画的な実験や観察が可能になったからである。

19世紀に生じたこうした変化は、制度化の進行も合わせて、しばしば「第二次科学革命」と呼ばれる。実際のところ、狭い意味での科学のすべてが技術的な応用に直結するわけではない。けれども、「科学技術」という日本語が象徴するように、実用的なテクノロジーとして応用されてこその科学、という考えをもっている人も少なくないはずだ。たとえば読者は以下のように問われたらどう答えるだろう？

問題　「科学」という言葉でイメージするものとして近いのは、次のどちらだろうか。また、自分以外の人はどう答えると思うか、その割合も予想してみよ。

A：世界の根本的な法則や原理の探究　　B：高度なテクノロジー

――言葉のイメージに関する問いへの答えは読者次第だし、どちらか一方だけが正解というわけでもない。自分以外の人についての割合予想も、どんな集団を念頭に置くかで変わってくるだろう。しかし、筆者が大学の授業でこの問いを学生たちに投げかけてみた結果は参考になるかもしれない。

学部と大学院で少し異なるものの、おおよそ3～5割の学生が「B：高度なテクノロジー」を選んだ。何といっても、スマートフォンや家電、自動車といった身近な技術的プロダクトの基礎にあるものとして、科学はイメージされるらしい。あるいは、医療や宇宙開発なども、科学の「科学技術」としての実用性を強く印象づけるようだ。高校の理科は「A：世界の根本的な法則や原理の探究」のイメージだったけれども、大学以降は応用中心になってB寄りに変わった、と発言してくれた学生もいる。これは情報系学部の学生だったからかもしれない。読者もぜひ「科学」という言葉で何をイメージするかを周囲の方々に尋ねてみてほしい。

注意したいのは、こうしたイメージの相違のせいで、しばしば話が嚙み合わなくなる状況が生じることだ。研究者が法則や原理の探究としての科学について語っているときに、実用的なテクノロジーとしての科学をイメージした質問――「その研究はいったい何の役に立つんですか？」――が発せられる、というように。無用なすれ違いを防ぐためにも、科学にはさまざまな面があることをよく理解しておこう――それもまた科学的思考の一要素といってよい。いずれにせよ、狭い意味での科学を特徴づける技術との結びつきについては、本書でも折に触れて扱うことになる。なお、この節の内容について「科学技術」を含めて関心をもった読者には、佐倉統『科学とはなにか』も参考になるはずだ。

次章に向けてスタートする

この章ではまず、科学とは何か、科学的とはどのようなことかについて、科学的ではないものとの比較を通じてポイントを確認した。次に、定義についての説明を挟み、そのうえで、広い意味での科学と狭い意味での科学を区別し、それぞれにどんな特徴が見られるかを明らかにしてきた。そうして得られたスケッチに、足りないところを補いながら細かい描き込みを加えていく、というのが次章からの課題である。

本章で見てきた科学のポイントや特徴はさまざまで、どれも大切ではあるけれども、必要十分条件による科学の厳密な定義を可能にするものではない。因果関係について説明しさえすれば科学として十分なわけではないし（金縛りの心霊説）、数学を使わない定性的な分野も掛け値なしに科学的でありうる（ガラパゴス諸島でのダーウィンの観察）。

見方を変えればこのことは、0か100かではなく、それぞれ程度差のあるいくつもの点から、科学という活動を――そして科学的思考を――捉えなければならないことを意味している。だからこそ、「はじめに」でも述べたように、科学的思考は日常的な思考と白か黒かで完全に分けられるようなものではなく、グラデーション的に連続していると考えるべきなのである。

こうした見方のもとで、あらためて本書のねらいを述べ直してこの最初の章を終えたい。日常の思考には、したがって読者がふだんから行っている思考には、人間の基本的な活動としての広い意味での科学に見られる特徴と、科学革命に由来する狭い意味での科学から徐々に取り入れられた要素とが含まれている。本書では、そうした特徴や要素を整理しながら明確化し、もっと使い勝手がよくなるように鍛えていこう。と同時に、どちらかといえば狭い意味での科学に限られた範囲で、専門家がどのように思考し、研究を進めているのかも明らかにしていきたいと思う。そのためには、日常の思考から科学的思考へと続く道を科学ではどう進み、途中にあるハードルをどんな方法で乗り越えているのかを解説しなければならない。それを通じて読者の思考は強化・拡張され、日常的なレベルを超えた先にある洗練された科学的思考に近づいていけるだろう。

◎第1章のまとめ

- 科学とは何か、科学的とはどういうことか。そのポイントは、科学的ではないものとの比較を通じて確認できる。説明を（とくに因果関係やメカニズムについての説明を）する、専門的に確立された・明確に定義された用語や概念を用いる、仮説の検証を試みる、制度化されている、などである。
- 使う用語や概念を明確に定義しておけば、科学に限らず、思考や議論がうまく進められるようになる。定義の種類として、明確化定義や操作的定義、必要十分条件による定義などが挙げられる。ただし、定義も万能ではなく、ゲームや生物の概念のように厳密に定義することが難しいものもある。
- 科学は、人間が一般に行う基本的な活動という「広い意味での科学」と、科学革命から生まれた探究活動という「狭い意味での科学」に分けることができる。とくに狭い意味での科学には、計画的で秩序立った実験や観察の実施、数学の使用、定量的であること、技術との結びつき、などの特徴が見られる。

●科学は程度差のあるさまざまなポイントや特徴をもっており、科学的思考は日常の思考と連続している。本書で目指すのは、日常の思考に含まれる科学的思考の要素を使いやすくし、さらに洗練させる方向である。

第2章　因果関係を考える

この章では、科学的思考の核心をなすテーマとして、因果関係を取り上げる。因果関係は、この第2章をまるまる費やして扱うに値するほど、何よりも重要なのである。

1 因果関係の基本と重要性

日常の中の因果関係

あらためて因果関係とは何かを丁寧に確認していこう。スタート地点は日常にありふれた次の例だ。

A：ボールが窓に当たった　　B：窓が割れた

このAとBのふたつのできごとを並べて見せられると、ほとんどの読者は、ボールが窓に当たった**から**窓が割れた、と捉えるはずだ。あるいは、同じことだが、窓が割れたのは、ボールが窓に当たった**せい**だ、と考えるだろう。

Aが起こったから、Bが生じた
Bが起こったのは、Aのせいだ

こうした文では、「から」や「せい」という部分によってAとBの間に因果関係が成り立っていることが主張されている。前章でも述べたように、「因果」は「原因」と「結果」の「因」と「果」をつないだ言葉である。「因果関係」という言葉は、まさに原因と結果の結びつきを表しているのだ。日常の言葉づかいでは、「AがBを引き起こした」「AがBをもたらした」といった表現で、AとBの間に因果関係が成り立っていると主張することができる。

因果関係のうち、とりわけ原因とは何かを理解するには「原因とは何が起こるかに違いを生み出すもののことだ」というフレーズも役立つだろう。窓が割れていない状態から割れた状態への「違い」を生んだのはボールが当たったことなのだから、まさにそれが原因というわけだ。

図式化してこのあとも使いやすくしておこう。「→」は因果関係の向きを表す。

A（原因）　→　B（結果）

例：ボールが窓に当たった（原因）　→　窓が割れた（結果）

このように、日常的な例を挙げて説明すれば、感覚的にも因果関係は理解しやすいはずだ。では、それが科学的思考の核心的なテーマといえるのはなぜか？

因果関係の重要性——因果的説明と理解・予測・技術への応用

ここでも入り口として日常的な場面から始めたい。以下のやりとりをご覧いただこう。


社長、大変です。倉庫が火事です。

——「火事です」だけじゃわからないよ。もっと説明してくれないと。

火事というのは、倉庫が焼けちゃっているってことです。

——言葉の意味は説明しなくていいから。原因は何なの？　それを説明してよ。

あ、雷が落ちたみたいなんですけど……社長？

——うん、そういう説明をしてくれなきゃ。次にまた雷が落ちたら、今度はひどい火事になるかもしれないな。避雷針を立てておく必要があるね。

このやりとりでわかるように、あるできごとが起こったときに、それを引き起こした原因が何なのかを述べるのは、説明というものの大事なやり方のひとつである。言葉の意味や定義も大事だけれども、説明を求められて因果関係について答えることは、説明という実践の中心を占めている。この火事の例では「落雷が原因です」のように――図式的には「落雷→火事」だと――答えれば、さしあたりの説明の義務は果たしたことになる。

このような説明を**「因果的説明」**という。因果的説明の一部にメカニズムの説明も含める立場もあるが、本書では分けておきたい。そして、因果関係がなぜ重要なのかは、この因果的説明がいくつかの大きな役割を担っていることによる。

まず、因果的説明は**理解をもたらしてくれる**。ただ「火事です」としか聞かされなければ何が起こっているのかよくわからないが、そこに「雷が落ちたせいだ」という因果的説明が伴えば、とりあえず理解できるようになるだろう。個別のできごとの発生について単に報告するだけでなく、あくまでも謎を減らすことを説明は目指さなければならない。

次に、因果的説明は**予測を立てることを可能にする**。予測とは、将来どんなことが起こるかについて述べることだ。このやりとりでは、落雷のせいで火事が起こったという因果的説明がまず得られている。そのうえで、次にまた雷が落ちればひどい火事になるかもしれない――将来も「落雷→火事」が起こる――との予測が導かれているわけだ。

さらに、因果的説明は、予測を介して、**現象の「制御」やテクノロジーへの応用にもつながる。**この例での社長は、自ら立てた予測にもとづいて、火事の原因となりうる落雷を防ぐために、倉庫に避雷針を設置しようとしている。因果関係が説明できるなら、その現象のコントロールを試みる余地があるわけだ。そしてここに、技術との結びつきが見えてくる。因果的説明や予測ができる現象や状態は、それを人の手で生起させたり抑制・防止したりできる見込みがあることから、テクノロジーへの応用可能性が生まれるのである。

ここまでの話は、前章の「広い意味での科学」と「狭い意味での科学」の区別でいうと、概して前者の範囲にあるが、因果的説明が理解や予測や技術への応用といった科学に期待されるさまざまな役割の中心に位置していることは十分にわかるだろう。そこから狭い意味での科学に軸足を移しても、因果的説明のそうした位置づけは変わらない。ただし、数学を用いた定量的な表現の厳密さ、扱える現象の幅広さ、予測の精度、そして理解や技術的な応用に寄与する度合いなどの点での、質の違いは際立ってくる。

その感触だけ医学の例でつかんでおこう。「ピロリ菌は胃癌のリスクを5倍以上高める」のように、「法則的」といえるレベルで一般的な因果関係のパターンを捉えた説明の意義は実に大きい。それにより、ピロリ菌の全保有者について胃癌の発症に関する予測が立てられるようになるし、そのリスクをピロリ菌の除去で大幅に軽減することも可能になる。

こうした医学的な処置も現象の制御や技術的な応用の一種であり、このケースでは因果関係の把握や説明が個人の人生にも大きく関わってくるわけである。

2 因果関係の概念をさらに明確化する

因果関係とそれ以外の関係

この節では、因果関係とはどのようなものかをさらに明確化していこう。因果関係の概念に磨きをかけて、いっそう使いこなしやすくするのが目的だ。

手始めに、因果関係とそれ以外の関係をきちんと区別できるか、という問題に取り組んでもらいたい。

問題 以下の①から⑥のうち、AとBの間に因果関係が成り立っていると考えられるのはどれか。また、因果関係でないものについては、どんな関係が成り立っているだろうか。

①（A）マッチを擦ると、（B）火が着く
②（A）神奈川県は、（B）横浜市をはじめとする市町村からなる
③（A）夏目漱石は、（B）夏目金之助である
④（A）1854年に日米和親条約が締結されたのは、（B）その前年に米国から黒船が来航したせいだ
⑤（A）水とは、（B）H_2Oでできた物質のことである
⑥（A）ニワトリが鳴くと、（B）太陽が東から昇る

AとBの間に因果関係が成り立っているのは、①と④だと考えられる。①では、マッチを擦るのが原因で、火が着くという結果が生じている（A→B）。④では、米国からの黒船来航が日米和親条約の締結を引き起こした原因である（B→A）。①と④ではAとBの順序が逆となっている点に、念のため注意しよう。①と④以外については、さまざまな関係が考えられるが、それぞれ代表的と思われるものだけ示すにとどめておこう。

②は、神奈川県が横浜市を生み出していたり、その反対だったりはしていないので、因果関係ではない。成り立っている関係のひとつとして、神奈川県という全体に対して、横浜市などの市町村がその部分になっている、という関係が挙げられる。覚える必要はまっ

たくないが、これは「全体―部分関係」などと呼ばれるものである。

③も同様に、Aの夏目漱石とBの夏目金之助は、どちらかがもう片方の原因というわけではないので、因果関係ではない。ここにあるのは、AとBが同一人物だという関係である。こうした「同一性の関係」は、おなじみの等号を使うとA＝Bと書ける。宵の明星と明けの明星が金星という同一の天体であって、一方が他方をもたらす原因ではない、というのと変わらない。

⑤では、水が必要十分条件によって定義されている、という関係が成り立っていると解釈できる。H_2Oでできた物質であること（B）は、水（A）を引き起こしているというよりは水の本質だと見なせるから、これも因果関係ではない。定義については第1章の解説を確認してもらいたい。

最後に、⑥で成り立っている関係のひとつは、時間的な順序関係である。Aのニワトリが鳴くことが、Bの日の出よりも時間的に先に起こる、という関係が述べられているのだ。けれども、ニワトリが鳴くと、それが原因で太陽が東から昇るわけではない。つまり、これもやはり因果関係ではない。

――この問題を通じて、因果関係の概念に磨きがかかっただろうか。ひょっとすると、読者の中には、他の関係との比較による明確化ではなく、因果関係とは何であるかの厳密な定義を望む人もいるかもしれない。しかし、残念ながら因果関係もまた、厳密に——とりわけ必要十分条件によって——定義するのが難しい概念だ（コラム3を参照してもらいたい）。そして、本書の目的に照らすなら、そのあたりの込み入った話はあっさりスキップしてしまって構わない。代わりに以下では、因果関係が成り立っているかどうかを探るためのふたつの手がかりについて説明しよう。

因果関係の手がかり（1）時間的な順序関係はあるか？

因果関係が成立しているできごとの間には、**原因は結果よりも時間的には先に起こる、という時間的な順序関係が必ずある。**当たり前のようだが、先にマッチを擦ったあとに、マッチに火が着く。結果が原因よりも時間的に先に起こることはなく、ボールと窓の例でいえば、窓が割れてからボールが窓に当たったりすることはない。

ここから、先ほどの問題に出てきた、②神奈川県と横浜市などの市町村、③夏目漱石と夏目金之助、⑤水とH_2O、のそれぞれに因果関係がないことがはっきりする。夏目漱石と夏目金之助の例のみ確認すると、この二人は同一の人物として同時に存在していたのだから、時間的にどちらが先ということはなく、因果関係は成り立っていない。②と⑤についても同様であることを読者は各自で確認してほしい。なお、「漱石」という号は本名の

「金之助」よりも時間的にあとなのではないかと思った人もいるかもしれないが、それはあくまでも名づける行為の順序のことであって、金之助という人物が漱石という人物を因果的に引き起こしている、という話にはならない。

でも、⑥ニワトリと日の出の間には、時間的な順序関係があるのではなかったか？　その通りである。時間的な順序関係は、手がかりのひとつにすぎず、因果関係が成り立っているとの判断を下すには十分ではないのだ。そこで次の手がかりの出番となる。

因果関係の手がかり（2）反事実条件文は成り立ちそうか？

１８５４年の日米和親条約の締結について述べた④に目を転じ、こう問うことにしよう。前年の１８５３年に米国から黒船が来航したのは事実だが、それが本当に日米和親条約の締結を引き起こした原因なのか？

この問いは、次のようにパラフレーズできる。「もし１８５３年に黒船が来航しなかったとしたら、はたして１８５４年に日米和親条約は締結されていたのだろうか？」――これは、事実に反する条件を立てて、そのもとで何が起こるかを見きわめるように求める問いだ。

かりにその答えが「その場合、１８５４年に日米和親条約は締結されなかったであろう」

というものなら、前年の黒船来航がやはり条約締結の原因ということになる。１８５３年に黒船来航があったからこそ、その翌年に日米和親条約が締結されるという事態が引き起こされたのだ。

だが仮に「それでも１８５４年に日米和親条約は締結されたであろう」と答えるなら、それは何を意味するのだろう？　前年の黒船来航は条約締結の原因ではなかった、という考えを表明していることになるはずだ。１８５３年に黒船が来航してもしなくても、翌年に日米和親条約が締結されるかどうかを左右しなかった、と述べていることになるからである。何が起こるかに違いを生まないなら、それは原因ではない、というわけだ。

現実にはAが起こったにもかかわらず、その事実に反する条件のもとでBについて述べるような文を**「反事実条件文」**という。日米和親条約締結の例で見た通り、**「もしAがなかったら、Bは起こらなかったであろう」という形の反事実条件文が成り立つかどうかが、「AがBを引き起こした」という因果関係の手がかりとなる。**これがなかなか有用な手立てなのである。

さっそく⑥「ニワトリが鳴くと太陽が東から昇る」で試してみよう。もしニワトリが鳴かなかったとしたら、太陽は東から昇らないのだろうか？　いや、ニワトリが鳴くかどうかによらず、東から陽はまた昇るだろう。つまり、ニワトリと日の出との間には時間的な順序関係はあるけれども、ここではその反事実条件文は成り立っていないのだ。だから、ニワトリが鳴くことは太陽が東から昇ることの原因ではない。

あらためて気をつけたいのが、「もしAがなかったら、Bは起こらなかったであろう」式の反事実条件文が成立してさえいれば因果関係が認められるわけではないことだ。問題の③「夏目漱石は夏目金之助である」で説明しよう。なるほど「もしある人が夏目金之助でなかったら、その人は夏目漱石ではなかっただろう」のような反事実条件文は成り立ちそうだ。しかし、そこには時間的な順序関係はないので、漱石と金之助の関係は因果関係ではない。反事実条件文は、因果関係を探るツールとしてとても役に立つけれども、あくまでも手がかりのひとつとして考えるべきものだ。

――この世界が現実とは別のあり方をしていたらどうなるか？　それは世界の中にどんな違いをもたらすのか？　こうした反事実的な思考は、人間の知性に欠かせない働きをする。何といっても、二百年近く前のできごとである日米和親条約締結の原因をめぐる思考さえ可能にしてくれるのだから。因果関係の研究で重要な貢献を果たしてきたジューディア・パールは、哲学者としての顔もあるコンピュータ科学者だ。パールがその成果を一般向けの書籍として著した『因果推論の科学』では、まさに反事実の概念が中心的な役割を演じている。因果関係という難問に現代の科学はどう迫ろうとしているのかに関心のある読者は一読してほしい。

因果推論、そして仮説としての因果的説明

先に挙げたパール著のタイトルには、**「因果推論」**という言葉が出てくる。推論とは、手元にある情報から何らかの結論を導き出すことだ（詳しくは第6章で解説する）。窓が割れているのを見て、ボールが当たったのが原因だろうと考えるのは、因果関係に関わる推論の典型的な例である。因果関係を扱うそうした推論のことを「因果推論」と呼ぶわけだ。

なぜ明智光秀は本能寺の変を起こしたのか、と考えてみてほしい。その答えとして、たとえば「織田信長が光秀を冷遇したのが原因だ」という結論を導くときには、因果推論を行っていることになる。

もちろん、本能寺の変の原因は別にあると考える読者もいるかもしれない。豊臣秀吉や徳川家康が黒幕だったとか、四国の長宗我部氏が関わっているとか、はたまたイエズス会の陰謀だったとか、冷遇説以外にも――因果推論を通じて生み出されてきた――さまざまな「仮説」が存在しているからだ。冷遇説は、本能寺の変についての数ある因果的説明のひとつにすぎず、仮説である限りは間違っているかもしれない。

そのうちのどれが最も優れた仮説なのかを明らかにするのは、もとより本書の課題では

ない。ただ、どんな因果的説明も常に仮説として検証の対象になりうる、という点は強調しておきたい。その教訓は、因果関係を誤って把握してしまっている可能性に注意しなさい、というものだ。そのために役立つのが、この節で紹介したふたつの手がかりである。そのうえでさらに、どんなときに因果推論が間違いやすくなるかも押さえておくと心強いので、次節からはそうした紛らわしい因果関係の代表的なパターンを見ていこう。

コラム3

因果関係という哲学的難問

本文中でも述べたように、因果関係の概念を厳密に定義することは難しい。実用面はさておき、時間的な順序関係と反事実条件文の成立は、因果関係のサインではあっても必要十分条件による定義になるようなものではない。2点に絞って手短に説明しておこう。

第一に、時間的な順序関係があり、しかも反事実条件文が成立しているのに、因果関係ではないことがある。「今月が7月でなかったら、来月は8月ではないだろう」がその一例で、7月が8月を引き起こしているわけではない。

第二に、普通は原因とは見なさないはずのものごとがかなり含まれてしまう。もし信長がそもそも生まれていなかったら、本能寺の変も起こらなかったであろう、というのは間違いない。でも、だとすると信長が生まれたことは本能寺の変の原因といえるのか？　それにはるかに先立つビッグバンによる宇宙の誕生は、本能寺の変を引き起こしたのか？　さらに微妙なのが「マッチを擦ると火が着く」の例での酸素の扱いだ。まずもって酸素が存在しなければ着火も起こらないわけだが、はたして酸素の存在は着火の原因といえるのか？

こうした何を原因と見なすかの認識は、筆者の考えでは、本文中でも触れた「現象の制御」という関心と深く結びついている。そうした見方の理論化や検討も含め、因果という概念について論じるのは、現在も哲学の重要な課題である。『因果性』というタイトルの比較的コンパクトな解説書が、スティーヴン・マンフォード＆ラニ・リル・アンユムやダグラス・クタッチといった哲学者によって書かれているので（それぞれ邦訳あり）、掘り下げて考えてみたい読者向けに勧めておきたい。

3　紛らわしいパターン（1）因果関係が逆

原因だと思いやすい要因

たいていの因果推論はスムーズに行われる。そのつど意識を集中させて考えなくても、すぐに何らかの因果的説明がひねり出せる。落雷のあとで火事が起こったと聞けば、落雷のせいではないか、と火事の原因が苦もなく直ちに思い浮かぶ。

ふだんの生活を送るにはこれくらいの因果推論でもうまくいくことが多い。けれども、実際には思いついた仮説が間違っている可能性はあるものだし、間違いの可能性にすら気がついていないこともあるだろう。ここには、日常の思考から科学的思考へと進むために乗り越えなければならないハードルがある。

はじめに取り上げるのは、**最初に思いついた仮説とは因果関係の向きが逆だった**、というパターンである。具体的には——

A：奇抜な服装をしていた　　B：商談に失敗した

という並びでAとBを見せられたら、すぐさまこんな因果推論をしてしまうのではないだろうか。商談の席で奇抜な服装をしていたせいで、商談が失敗したのだ、と。取引相手に不信感をもたれたのかもしれないなどと思いつつ、「A→B」という仮説を立てるわけだ。だが、そこで落ち着いて考え直してもらいたい。話は「あべこべ」なのかもしれないの

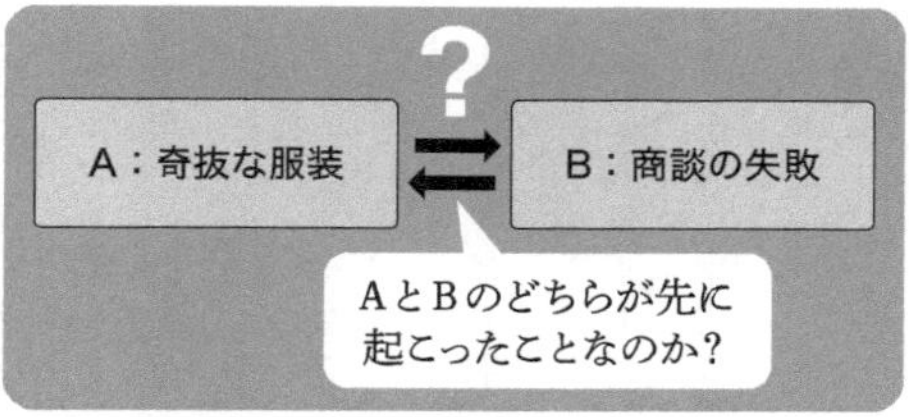

図2-1　因果関係が「あべこべ」になりえる

だ。実際には「A→B」ではなく「B→A」が正しいのではないか？　たとえば、まさに商談に失敗してしまったからこそ、落ち込んだ気分を一新したくて（もしくは自暴自棄になって）それまでと大きく違うエキセントリックなファッションに挑戦してみた、ということかもしれない。そんな因果的説明も仮説として成り立つのだ。

　前節で見たように、「A→B」という因果関係には、原因Aが結果Bよりも先に起こるという時間的な順序関係が欠かせない。しかし、この例では、そもそもAとBのどちらが先に起こったことなのかは述べられていない。そうした時間的な順序関係には触れずに、ただ単にAとBのふたつが順に並べられているだけなのである（図2－1）。

　ところが、この並びを目にした途端に、時間的にも「A：奇抜な服装をしていた」あとに「B：商談に失敗した」という順序で一連のできごとが起こった、と捉えてしまいがちなのである。そこから「A→B」という仮説までは、ひとっ飛びだ。「B→A」のような因果的説明も他の仮説として立てられるのだが、奇抜な服装のような目を引く要因があるときにはそれが原因だと思いやすいということでもある。目立つからといって原因とは限らないことに注意したい。

確認用の問題で練習しておこう。

問題 ある感染症に関して、地域ごとのワクチンの接種者数を調べたところ、接種者が多い地域ほど、その感染症の発症率（人口あたりの発症者数）が高いことがわかった。では、この調査結果にもとづいて「ワクチン接種者数が多いことが、その感染症の発症率を高める原因である」と考えてよいだろうか？

——「イエス」と答えるのは難しい。因果関係は逆で、発症率が高くなったからこそ、ワクチンを接種する人が多くなった、と考えるのが自然だ。「警察官が多い都市ほど犯罪の発生率が高い。だから、警察官を減らせば犯罪の発生率を下げられるだろう」にも同様の誤りが見られることを確認してほしい。解説の必要はないだろう。

参考になるかもしれない例をひとつ。筆者の好きなキャベツ太郎（スナック菓子）のパッケージには「もりもり食べてもりもり勉強しよう。通信簿に関係なくおいしいヨ!!」と書かれている。これを読むといつも考え込んでしまうのである。キャベツ太郎と学校の成績の間に何らかの因果関係を見てとりたくなる一方、とくに関係はなさそうだとも読めるので、よくわからなくなって混乱したまま食べ終わるのだ。読者も頭を悩ませてほしい。

4 紛らわしいパターン（2）別の原因がある

本当にそれなしには起こらなかったか

次に取り上げるのは、最初に原因だと思ったものが、実際には結果を引き起こしてはおらず、本当はそれとは別に原因があった、というパターンだ。これによる因果推論の誤りは日常でもよく起こる。

正直にいってあまり魅力的ではないと思っていた男性からのデートの誘いに、ある日うっかり乗ってしまった。カフェで彼と話している間に、驚いたことに私の顔は何度か紅潮した。胃がそわそわし、なかなか集中できなかった。「明らかに私は彼に惹かれている」――そう思って次のデートの約束をしてから帰宅したが、部屋に入った途端、カギを落として吐いた。その後1週間、インフルエンザで寝込む羽目になった。

顔の紅潮や胃がそわそわしたのは恋愛感情のせいだと最初は思ったものの、本当はインフルエンザが原因だったというわけである。これは心理学者のリサ・フェルドマン・バレットの著作から引用したエピソードだが、本人が大学院生だったときの実体験だという。サイエンスの訓練を受けていてもなお因果推論の誤りとは無縁ではないのだ。

とくに注意したいのは、**ふたつのできごとの間に時間的な順序関係があるときには、ついついそこに因果関係を見てとりたくなる**ことである。またそのせいで、**本当は別の原因があるという可能性にも気がつきにくくなってしまう。**たとえば、この文はどうだろう？

キノコを食べたあと、お腹を壊した。

一目で、キノコを食べた「せいで」お腹を壊した、という因果推論をしてしまいかねない。だが、この文で述べられているのは、「A：キノコを食べたこと」と「B：お腹を壊したこと」が時間的にその順序で続けて起こったということだけである。だから、因果関係（A→B）まで成立しているとは限らない。

ここで新たな情報として、お腹を壊す前には、キノコを食べた以外にも「C：大量の飲酒をしていた」ことが判明したとしよう。だとすると、お腹を壊したのはキノコを食べたからではなく、実際には大量の飲酒のせい――つまり「C→B」――なのかもしれない。最初に思い浮かんだ「A→B」というキノコ原因説は間違いで、本当は大量飲酒という別の原因があったのではないか、との疑いが生じるわけだ。

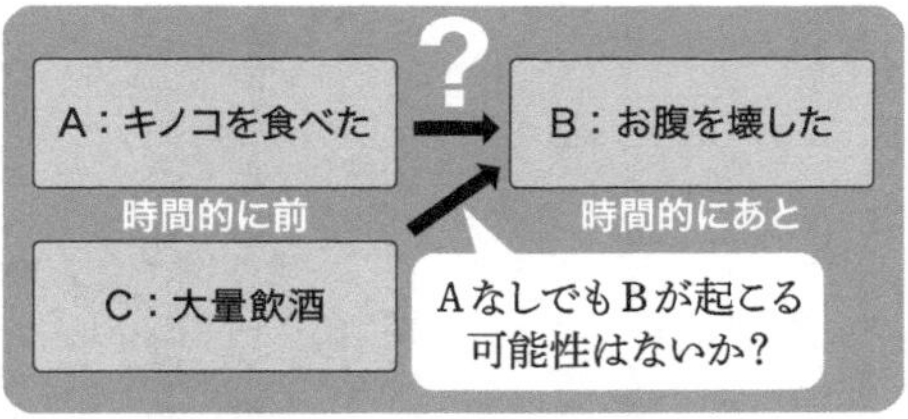

図2-2　事実に反する条件で検討してみる

反事実的な問いで検討する

そこで有効なのが、**反事実条件文が成立するかを検討すること**だ。事実に反する「もしキノコを食べなかったならば」という条件を立てて、そのもとで「お腹を壊さなかったのだろうか？」と問うとよい（図2－2）。それは、キノコを食べなくてもお腹を壊した可能性について考えるということであり、そうすれば他の仮説を立てることもできるようになる。「いや、原因は違うのかもしれない。そういえば、少し飲みすぎたような……」というふうに。

こうしたパターンについて学んでおけば、あまり科学的ではない方角に向かって思考が走り出してしまうリスクも減らせる。

ジョンが崇拝している心霊術師は、ジョンがエヴェレストに登るときに、霊的な〈パワー〉を送ると約束してくれた。そしてジョンは登頂に成功した。ジョンの心霊術師には本当に奇跡的な霊力があるのだ。これからは、登山のたびに、心霊術師に〈パワー〉を送ってもらうことにしよう。

心霊術師が〈パワー〉を送ったあとにジョンは登頂に成功した。だから、このふたつのできごとには時間的な順序関係がある。けれどもそれは、因果関係があることまでは保証してくれないのだ。付け加えるなら、〈パワー〉の明確な定義もそれが遠方まで送られるメカニズムも、第1章の金縛りの心霊説と同じで、よくわからないのだが……。

ここでも反事実条件文が役に立つ。「もし心霊術師が〈パワー〉を送らなかったら、ジョンは登頂できなかったのか？」という反事実的な問いをぶつけてみるのだ。すると、もっと現実的な仮説が思いつけるだろう。ジョンは〈パワー〉なしでも自力で、あるいはチームの力に支えられて、エヴェレストに登れたのかもしれない、と。

類似の事例をいくつか挙げておこう。検討は読者の宿題である。

・雨の神に祈る儀式を三日三晩にわたって続けていたら、雨が降った。
・パワーストーンをあしらった指輪を身につけたら、宝くじが当たった。
・快眠できるという触れ込みのドリンクを飲んだら、確かにその日はよく眠れた。
・平清盛は、奈良の寺々を焼き討ちした年が明けて間もなく、水風呂に入れてもすぐに水がお湯に変わるほどの高熱を出して亡くなった。

5 紛らわしいパターン(3) 単なる相関関係との混同

相関は因果を意味しない

最後に、**単なる相関関係を因果関係だと誤って捉えてしまう**、というパターンを扱う。これは、おそらく人間が最も苦手とするパターンであるだけに、ただ知っておくだけでも非常に役に立つはずだ。準備としてまずは**「相関関係」**とは何かから説明しよう。

相関関係とは、大枠では、Aの側が変化したらBの方も変化する、といった関係のことである。日本人の残業時間の長さと睡眠時間の短さとの間には相関関係が成り立っている、と聞かされたら、そりゃそうだろうと思うはずだ。AとBの間に相関関係があることを述べるのに、単に「AとBには相関がある」とか「AとBは相関している」といった表現も使われる。そして、標語的によく掲げられるのが「相関は因果を意味しない」という教訓だ。

オランダの有名な例に即してもう少し詳しく説明しよう。次のAとBには相関関係があることがわかっている。

A：コウノトリの生息数の減少　　B：赤ちゃんの出生数の減少

つまり、コウノトリの数が減ると、生まれてくる赤ちゃんの数も少なくなるのだ。だがもちろんこれは「A→B」という因果関係ではない。コウノトリが減ったせいで赤ちゃんをあまり運んできてくれなくなった、という話ではないのである。

実はAとBの背後には「C：都市化の進行」という第三の要因が潜んでいる。一方では、都市化が進めば当然コウノトリは減っていく——「C→A」が起こる。他方では、狭く物価の高い都市では子育てが難しくなるため、赤ちゃんも生まれにくくなる。これは「C→B」である。したがって、まずは都市化の進行という共通の原因があり、それがAとBをそれぞれ引き起こしていたのだ（図2－3）。本書では覚える必要はないが、このようにAとBの両方に影響する要因のことを、統計学では「交絡要因」とか「交絡因子」という。

AとBは両方ともCという共通の原因によってもたらされている。その意味で、AとBがまったくの無関係だというわけではない。このふたつの間には、相関関係なら確かに成立しているのだ。コウノトリが減れば赤ちゃんの出生数も減るし、また、赤ちゃんが生まれなくなるとコウノトリの数も少なくなるのだから。

けれども、それはAとBが因果関係で結ばれていることを意味しない。念のため、反事実条件文で探りを入れてみよう。「コウノトリの生息数が減少しなかったなら、赤ちゃんの出生数は減少しなかったであろう」。これはあまり成り立ちそうもない（そもそも時間的な順序関係もはっきりしていないのだが）。相関は因果を意味しないのである。

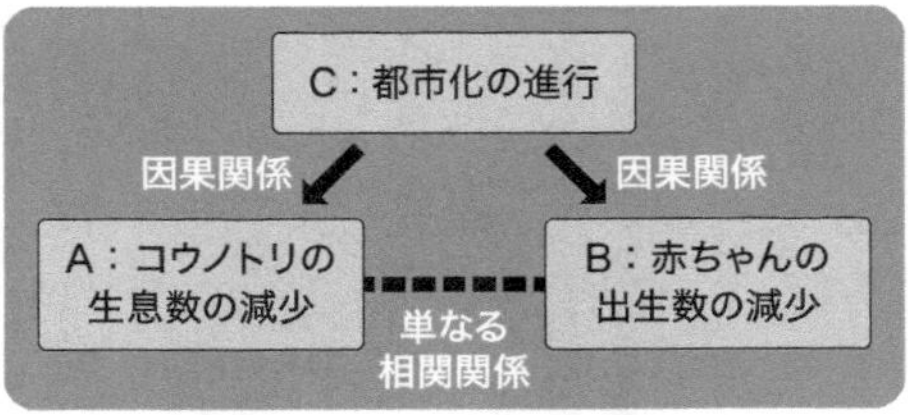

図2-3　AとBは相関するが因果関係ではない

因果関係と相関関係の違いをはっきりさせておこう。因果関係もまた、Aが変化したらBも変化するという関係だから、相関関係の一種には違いない。しかし、因果関係はその中でも「AがBを引き起こす」という特別な関係のことをいうのだ。そこで、しっかり区別するために、コウノトリと赤ちゃんの例のように「相関はしているけれども因果関係ではない」というあり方を「単なる相関関係」と呼ぶことにしよう（こうした関係を指すのに「疑似相関」という言葉もよく使われるが、相関関係すら存在しないという意味ではないことに注意）。

それでは、理解の確認と定着を図るために少し練習してみよう。

問題 以下の①と②のそれぞれで、AとBの間には直接的な因果関係はなく、共通の原因から生じる単なる相関関係しかないとする。何が共通の原因になっているだろうか？ 自分なりの仮説を考えてほしい。

① A：小中学生の靴のサイズ　B：小中学生の読解力

② A：自動車で角を何度も曲がる　B：そのたびに後ろの自動車も同じ角を曲がる

順番に解説しよう。①は、小中学生の成長あるいは年齢という共通原因が背後にありそうだ。成長すれば靴のサイズも読解力も増す。もし「A→B」という因果関係があったら、サイズの大きな靴を履かせたら読解力が向上することになるはずだが、さすがにそれはおかしい。

②は「自分と同じ目的地を目指しているから」というシンプルな仮説が立てられる。だから、自分が角を曲がるたびに後ろの自動車もそこを曲がるという相関関係が見られることになる。決して「自分が角を曲がると、そのことが原因となって後ろの自動車の動きが変わる」わけではないのだが、思考が怪しげな方向へと曲がると「後ろの自動車が自分を尾行している！」などと思ってしまう可能性もあるかもしれない。

相関関係が科学的思考を阻むとき

残念ながら人間の頭は、単なる相関関係と因果関係を区別するのがあまり得意ではない。そのせいで科学的思考が邪魔されてしまうことも珍しくない。歴史上の事例で確認しよう。

18世紀末に提唱され、19世紀にヨーロッパで広まったホメオパシーは、現在も世界中で盛んに実践されている治療法である。ホメオパシーでは、ある症状を引き起こす物質をごく低濃度まで薄めた水をしみ込ませた砂糖の玉――「レメディー」と呼ばれる――を薬剤として用いる。だがその有効性は現代の医学では否定されており、日本でも2010年に、日本学術会議からホメオパシーを非科学として治療の場から排除するように訴える声明が出されている。日本医学会や日本医師会からも、会長名義で賛同が表明された。

もっとも、このホメオパシーの治療効果が一見したところ示されたように思えてしまう歴史上の状況は確かに存在した。１８５４年のロンドンのコレラ流行がそれである。ホメオパシーによる治療を行っていた病院では、患者の生存率は84パーセントだった。これに対し、通常医療で治療していた近隣の病院では、生存率は47パーセントにとどまったのである。このデータからは、ホメオパシーは生存率を高める原因だったと結論したくなるし、実際、ホメオパシーの実践家たちは、それが治療法としての有効性を裏づける証拠だと論じた。

しかし、そこにあったのは、因果関係ではなく本当は単なる相関関係にすぎない。背後でそれを生み出している共通の原因は何だろうか？　ホメオパシーが受けられるような患者は裕福だったということである。

当時の先端の治療法だったホメオパシーは、高額の費用を必要とする。裕福な患者は、まさにお金持ちであるからこそ、ホメオパシーが受けられる病院に入ることができた。そうした病院は、栄養に富んだ食事を提供し、衛生的で水も安全であり、全体的に患者の世話をよくしてくれる場所でもあった。そのおかげで患者の生存率は高くなる。こうしてホメオパシーと生存率が相関していたわけだが、ホメオパシーという治療法が患者の生存率を高めていたわけではないのである。……これを見抜くのはなかなか難しかったのではないだろうか。

ちなみに、この時代の通常医療は、それを受けるくらいならいっそ何もしない方がましなことすらある、というような代物だったらしい。血液を体外に排出して症状の緩和を図る瀉血《しゃけつ》をはじめ、患者の身体を傷つける行為が含まれていたのである。ジョージ・ワシントンの死因も瀉血だった、といわれるほどだ。

教訓を繰り返しておこう――相関は因果を意味しない。怪しげな治療法に効果があると思いたくなっても、この教訓を思い出してぐっと我慢しなければならない。もちろん、何らかの相関関係を見出したら「因果関係もあるかもしれないから探ってみようか」と冷静に考えること自体は、科学的思考としてまったくおかしなことではない。また、それをきっかけにして立てた仮説を検証するのが、実験や調査の重要な役割にほかならない（第4章で扱う）。だが、そのためにもまずは単なる相関関係と因果関係が概念として明確に区別されなければならないのである。

若干の補足

2点だけ手短に補足して本章を終えたい。第一に、相関関係そのものも定量化の対象になる。マイナス1からプラス1の間の値をとる「相関係数」によって、相関関係の強弱を数量で表す。相関係数がプラスの範囲にある「正の相関」では、一方が増えると他方も増えるが、マイナスの範囲の「負の相関」では一方が増えると他方は減る、といった関係にある。この点にこれ以上は深入りしないが、第1章で述べたように、定量化の傾向は狭い意味での科学の際立った特徴のひとつである。

第二に、単なる相関関係には「まったくの偶然」というケースもある。AとBの間に相関関係はあるものの、共通の原因があるわけではなく、それぞれが別の原因で引き起こされている、という場合だ。たとえば、1年ごとのプールでの溺死者数と、ニコラス・ケイジがその年に出演した映画の本数には相関が見られる。けれども、それは本当にたまたまでしかない。本書ではここで触れるにとどめるが、ときにはこうしたケースの存在にも留意しなければならない。

この章では、科学的思考の核心となるテーマとして因果関係を取り上げ、とくに中盤以降では因果推論を誤らせやすい代表的なパターンを丁寧に解説した。それはしばしば科学的思考を阻むハードルとなるため、十分な注意が求められる。それでは、そうしたハードルには他にどのようなものがあるのだろうか。次の第3章で詳しく扱うことにしよう。

◎第2章のまとめ

●因果関係、すなわち原因Aが結果Bを引き起こすという関係は、科学的思考の核心をなすテーマである。とくにそれは因果的説明を中心として、理解や予測、技術との結びつきといった、科学の重要な特徴や役割と密接に関わっている。

●因果関係が成立しているかどうかを探るうえでは、以下の2点が手がかりとなる。AとBの間に時間的な順序関係はあるか？「もしAがなかったなら、Bは起こらなかったであろう」という形の反事実条件文が成り立つか？

●因果関係には紛らわしいパターンがいくつかある。（1）因果関係が逆で「A→B」ではなく「B→A」だった。（2）Aとは別の原因があって「C→B」だった。（3）単なる相関関係を因果関係だと混同していた（背後に共通の原因がある）。しばしば科学的思考を阻むこうした誤りについてよく理解しておくべきである。

コラム4

相関と因果の区別をめぐる風刺漫画

少しひねりのある題材として、この3コマ漫画を眺めてみてほしい（図2－4）。どこが笑いのツボ、というか風刺を利かせたポイントなのか、読者に伝わるだろうか？　筆者が授業でこの漫画を紹介したら、すぐにはピンとこないとか、ほとんどいいがかりみたいな話だ、といった反応だったので、微妙なのは確かだが……。

野暮を承知で解説してしまおう。登場人物は、統計の授業をとったあとで、「相関関係が成り立てば因果関係があると思ってた」という考えが変わった、と述べている。なるほど、授業を受けたことと考えの変化は相関しているし、そこには時間的な順序関係だって

昔は相関関係が成り立てば因果関係があると思ってた
でも統計の授業をとって考えが変わったよ
授業が役に立ったみたいね
まあね

図2-4　ランドール・マンローが描いた相関と因果の関係
（ジェンキンズ『あなたのためのクリティカル・シンキング』を元に作成）

ある。でも、だからといって、そのふたつの間に因果関係があるとは限らない。たとえ「相関関係があっても因果関係があるとは限らない」と考えられるようになったとしても、統計の授業を受けたことがその変化を引き起こした原因なのかは、まだわからないのだ。

統計の授業で学んだこと——相関は因果を意味しない——が本当に身についていれば、そのことに気がつくはずだ。にもかかわらず、オチのコマで「授業が役に立ったみたいね」「まあね」というやりとりをしていることから、残念ながらこの人物は依然として相関関係と因果関係の混同が避けられていないのではないか、と危惧される。それがこの漫画のポイントである。

第3章　科学的思考を阻むもの——心理は真理を保証しない

この章では、科学的思考を阻むものとして、とくに心理的な要因を主題的に取り上げて解説する。標語風にいえば**「心理は真理を保証しない」**というのが本章で最も重要なメッセージだ。日常的な感覚ではごく自然に思える捉え方が、科学的思考を邪魔するハードルになることは少なくない。そうしたハードルを整理して示すのがこの章の目的である。

以下の流れを述べておこう。第1節ではいわゆる「認知バイアス」を扱う。前章に引き続いて話の軸になるのは因果関係である。第2節と第3節では、物理や生物といった個別の領域で科学的思考を身につけようとする際に、それ以前から誰もがもっている一種の「理論」が足かせになることを説明する。最後に第4節では、こうしたハードルを乗り越えるのがなぜ難しいのかに簡単に触れたいと思う。

1 認知バイアス――因果関係を軸に

認知バイアスとは「思考のクセ」のようなものだ。そうした思考のクセは、たいていの人間に共通する心理的な傾向として何パターンも見つかっている。科学的思考にとって因果関係はひときわ大事なので、ここではとくに因果推論を歪める認知バイアスのうち、重要なものを3つ見ていこう。問題も用意したので理解を確認しながら読み進んでほしい。

利用可能性バイアス

最初に扱うのは**「利用可能性バイアス」**である。これは、頭に浮かびやすいものほど、実際よりも数や可能性を大きく見積もってしまいがちになる、という思考のクセだ。「利用可能性」とは「思い出しやすさ」「思いつきやすさ」といったこと、要するに思考の中ですぐに利用できるということを意味する。

この利用可能性バイアスを引き起こすものとして有名なのが次の問題だ。

> **問題** **「rで始まる英単語」と「つづりの3番目の文字がrである英単語」では、多いのはどちらだろうか？**

「つづりの3番目の文字がrである英単語」は当てはまる例を思い出そうとするのも面倒だが、それに対して「rで始まる英単語」の方はすぐに頭に浮かびやすい。そこで利用可能性バイアスが働く。rで始まる方が数も多いと見積もって、正解だと考えてしまうのだ。しかし、実際には3番目の文字がrである方が数は多いらしい。この認知バイアスは、たとえるなら、ネットで検索したときに一番上にくるものが正しい答えだと思ってしまうようなものだろう。

では、この利用可能性バイアスが因果推論をどう歪めるか。2014年の第99回薬剤師国家試験で出された次の問題を考えてもらいたい（わずかに改変した）。

問題

10月のある夕方、薬局を男性が訪れた。その日、友人から初物の牡蠣《かき》をもらったため、昼に友人や家族と自宅の居間で、生の牡蠣と、炭火で焼きながら焼き牡蠣を食したとのことである。全員が頭痛、嘔吐《おうと》及びめまいを起こしたが、別室に移って休んだところ、少し落ち着いたとのことであった。では、これらの症状を引き起こした原因として最も可能性が高いのは次のうちどれか。ひとつ選べ。

①腸炎ビブリオ　②ノロウイルス　③腸管出血性大腸菌　④一酸化炭素

これは有名なひっかけ問題であるようだ。正解は④である。居間で燃やしていた炭火の不完全燃焼によって一酸化炭素中毒が発生したと考えられるのだ。

ところが、問題文では牡蠣が繰り返し登場して目立つようになっているので、牡蠣の利用可能性が非常に高まる。そのせいで利用可能性バイアスが働くと、牡蠣の影響を過大に見積もってしまうようになる。するとつい、牡蠣に付着していたノロウイルスを原因とする食中毒であるとの仮説を立ててしまって、②の誤答へと導かれる。それがこの問題のトリックだ。なお、衛生学の知識があれば、①や③は可能性が低いものとして排除できるらしい。

この問題から教訓を引き出しておこう。**因果関係について考えるとき、ひときわ目につく要因があると、利用可能性バイアスのせいで誤ってそれを原因とする仮説を立ててしまうおそれがある。**その要因は意図的に目立つように仕組まれてすらいるのかもしれない。だから、そうした状況で因果推論を行う際は、いったん立ち止まり、利用可能性バイアスに陥っている可能性に注意することが大事なのだ。

もうひとつ問題を出しておこう。

問題 以下の文には、利用可能性バイアスによって思考を何らかの方向へと誘導しようとするトリックが仕掛けられている。見抜けるだろうか?

20世紀から21世紀以降に起こった世界的に大きな変化として、肉中心の食生活をはじめとする生活全般の欧米化が挙げられる。とりわけファストフードの普及により、肉は手軽に食べられるようになった。一方、20世紀から21世紀にかけては、がんの発症率も著しく上昇した。20世紀の大部分では、おおざっぱにいって3人に1人が何らかのがんを発症したのだが、その後、発症率はかなり上昇している。21世紀に生きる私たちは、2人に1人ががんになる可能性があると試算されているのである。

これを読むと、「なるほど、肉中心の食生活への変化のせいでがんの発症率が著しく上昇したんだな」といった因果的説明につい手を伸ばしてしまいそうだ。あるいは、「生活全般の欧米化」という言葉から「空気が悪く運動不足にもなりがちで、ストレスも大きい都市での生活が、がんの発症率を上げる原因だ」という仮説が思い浮かんだ人もいるだろう。ひょっとすると、文中には出てこないが、「西洋医学が普及したからですよね」という意見すらあるかもしれない。実際にはどれも正しくないのだが、そこにはまさに利用可能性バイアスの働きが見られる。

この文章に仕掛けられたトリックはこうだ。肉中心の食生活や生活全般の欧米化といった情報が目立つ仕方で冒頭に与えられ、利用可能性を高めている。そこで実際に利用可能性バイアスが働くと、それらの影響を過大視して、がんの発症率を上昇させた原因なのではないか、とつい考えてしまうのだ。あるいは、前章で述べたように、できごとを並べて示すだけで人間はそこに因果関係を見てとりがちなので、その影響もあるかもしれない。

では、20世紀から21世紀にかけて、がんの発症率を著しく上昇させたのは、いったい何だったのだろう？　はじめて聞くと意外な印象を受けるかもしれないが、その最も大きな要因は寿命が延びたことである。20世紀以降、医療の進歩や衛生環境の劇的な改善のおかげで、がん以外の病気で命を落とすリスクが大きく減少した。すると、それに伴って、老化でがんになる人の割合が増えてくる。診断技術の発展によりがんが早期発見されるようになったことも大きいが、そのことよりも、そもそも長生きできるようになったことががんのリスクが高まった最大の原因だったのだ。

——戦後の日本での死因と平均寿命の推移について補足しておきたい。図3－1に示すように、死因としてのがん（悪性新生物〈腫瘍〉）の割合が大きく増加していることから、その発症率も著しく上昇したことがうかがえるはずだ。

終戦直後の1947年（昭和22年）では、日本人の死因のトップは結核で、肺炎などがそれに続き、がんは5位だった。戦争の影響も大きいが、平均寿命は、男性は約50歳、女性は約54歳である（図3－2）。しかし、その後の医療の発展と公衆衛生の整備により、結核

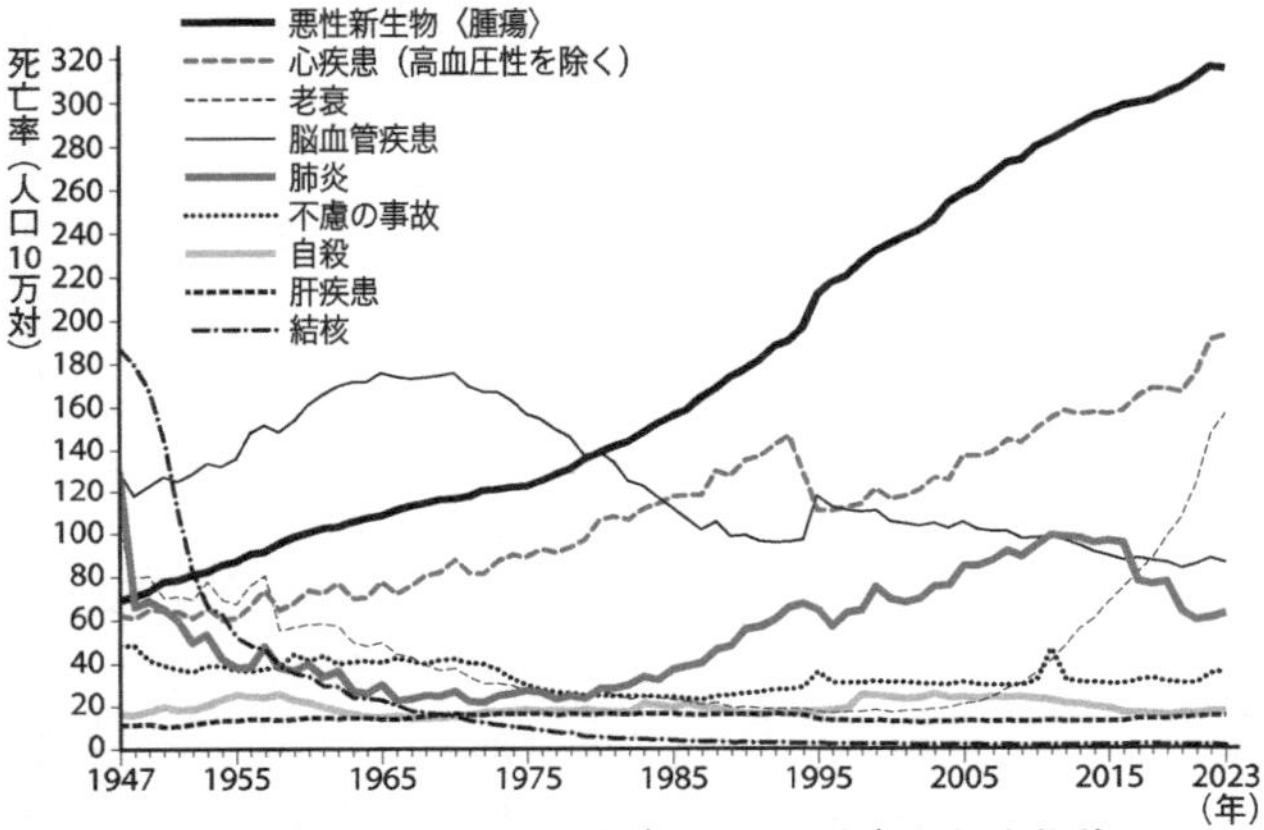

図3-1　主な死因別にみた死亡率（人口10万対）の年次推移

（厚生労働省「令和5年（2023）人口動態統計月報年計（概数）の概況」）

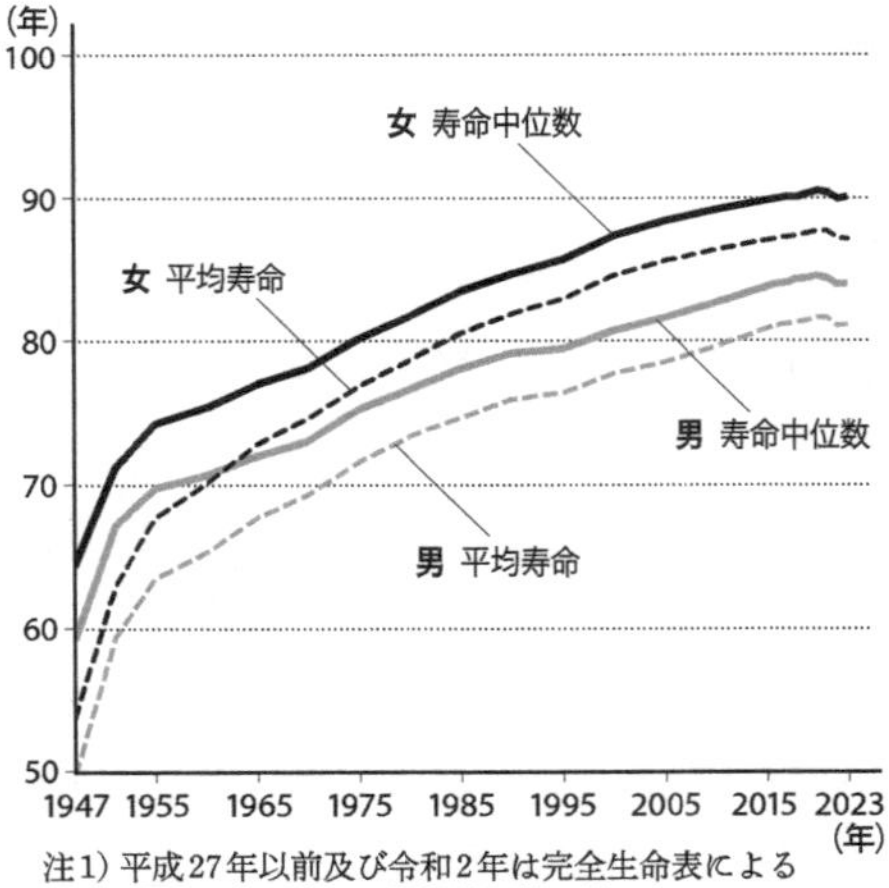

図3-2
寿命中位数と平均寿命の年次推移

（厚生労働省「令和5年簡易生命表の概況」）

注1）平成27年以前及び令和2年は完全生命表による
注2）昭和45年以前は、沖縄県を除く値である

や肺炎の割合は急激に低下した。一方で、がんの割合は増大していき、1980年ごろにトップになって、現在も増え続けている。この間、平均寿命は大きく延びて、2023年（令和5年）には男性が81・09歳、女性が87・14歳になっている。ただし、2020年以降に少し下がっているのは、コロナ禍の影響や心疾患などの死亡率が変化したことによるらしい。

基礎比率の無視

次に扱うのは、**「基礎比率の無視」**という認知バイアスだ。これは、基礎比率（基準率）つまり「もともとの割合」を考えれば当然にすぎないことでも、そのことに気づかない傾向をいう。日本語で「無視」というと故意に無視している印象を与えるかもしれないが、わざとではなく、気づいていないことを本人も意識していないのである。これも問題を通じて解説してみよう。

問題　宝くじに当たりやすい血液型というものがあるだろうか。調べてみると、日本の宝くじの1等が当たった人の血液型は、表3－1で示した割合であることがわかった（データは架空のものである）。

表3-1　宝くじの1等が当たった人の血液型（架空データ）

血液型	A型	B型	O型	AB型
当たった人の割合	43%	22%	28%	7%

この表から明らかなように、A型の人はとくに宝くじに当たりやすい。僕はA型だから、積極的に宝くじを買うようにしているんだ。
――こんなふうに考えて大丈夫だろうか？

さっそく基礎比率の概念を使うことにしよう。ここでは、日本の人口に4種類の血液型が占めるおおよその割合、すなわちA型が約40％、B型が約20％、O型が約30％、AB型が約10％、を基礎比率とすればよい。すぐわかるように、これはそれぞれの血液型で宝くじの1等が当たった人の割合と大きく違わない。A型の人が43％を占めるというデータは、基礎比率からすれば当然の話にすぎないのだ。

ところが、そのことに気づかない、というのが基礎比率の無視である。そのせいで、A型であることで宝くじに当たりやすくなる、といった誤った因果推論をしてしまっているのだ。もちろん、血液型が宝くじの当たりやすさを左右するメカニズムもよくわからないのだが……。

ここでも教訓を簡単に述べておきたい。因果推論の際には、基礎比率を必ずチェックしよう。**基礎比率に照らせば当たり前の結果でも、そのこと**

に気づかないと、何か特別な原因があるかのように誤って考えてしまいかねない。ともすると、そこに怪しげな作用や神秘的な存在の働きを見出そうとして、思考があらぬ方向へ逸れていくのである。

この問題の設定はやや人工的だったので、今度は米国で実際に混乱を引き起こした例を取り上げよう。21世紀に入ってから、米軍の退役軍人が以前よりも高い割合で自殺していることが明らかになっている。やはり、イラク戦争への従軍をはじめ、長期の兵務についていた経験が、退役後もなお軍人たちを自殺へと追い込んでいった原因ではないのだろうか？　そんな仮説を立ててしまいかねないデータである。そして実際、「にもかかわらず、冷血な政府は何の手立ても講じない」といった含みとともに、米国ではこの件がメディアで大きく批判的に報道されるようになった。

だが、本当のところは、軍人に限らず、米国全体で以前よりも自殺の割合が高くなっていたのである。この現象を引き起こす原因については議論が続いているけれども、基礎比率を考えれば、退役軍人の自殺率の上昇に何か特別な因果的説明が必要になるわけではなかったのである。これも基礎比率の無視の例である（コラム5にこの話は少し続く）。

――少し暗い話題だったので、次の認知バイアスの解説に進む前に、応用的な問題で気分の切り替えを図ることにしよう。

> **問題** ある年の日本漫画家協会賞では、宮崎駿の『風の谷のナウシカ』を授賞の対象にしようとしていた。ところが選考委員の手塚治虫はそれに反対した。さてなぜだろう？

これだけ読むと、どうしても「二人の間に何か個人的な確執があったのではないか」と勘繰りたくなる。ところが、作家の高千穂遙によると、真相はこうであるらしい（鈴木敏夫もインタビューで似た内容の発言をしている）。手塚治虫は、自分が受賞者ではないときは、ほぼすべて反対していた。だから、とくに宮崎駿だからという理由で授賞に反対したわけではないのだ、と。手塚の行動は、その基礎比率に照らせば当然のことだったのだ。

確証バイアス

仮説の裏づけになる証拠が得られることを**「確証」**という。「あの店の料理はいつもおいしい」という仮説は、次に足を運んだときに注文したカレーがおいしければ、確証されたことになる。確証については、推論を扱う第6章であらためて解説しよう。

この確証に関わる認知バイアスが**「確証バイアス」**である。**自分の信じている仮説や主**

張を支持するような事例には目を向ける一方で、その否定につながるものには目を向けようとしない傾向のことだ。この確証バイアスがしばしば怪しげな思考と結びつく。

たとえば「2001年に米国で起こった9・11同時多発テロは、米政府による秘密裏の内部犯行だった」という陰謀論を信じ込んでいる人はどうだろう？　そういう人は、テロで倒壊した世界貿易センタービルについて「あれは政府があらかじめ爆弾を仕掛けていたからだ」とする因果的説明もたいていセットで信じており、「世界貿易センタービルの倒壊は、飛行機の衝突だけで十分に説明がつく」と専門家がいくら主張しても、まったく聞く耳をもたない。むしろ専門家がそう主張すること自体が、真相を隠そうとする政府の陰謀の一部だ、と考えたりするほどだ。だが、その一方で、自らの信じる陰謀論にマッチしそうな事柄なら、どんなに些末なことでも喜んで証拠として受け入れる……。

この例では、確証バイアスによって自分の信じたい仮説に囚われて、せっかく専門家が提供してくれている因果的説明をまともに受けとることができなくなっている（陰謀論的な思考については章末のコラム7でも扱う）。確証バイアスが因果関係についての思考を歪めてしまっているのだ。そうしたケースとして社会的にも大きな悪影響を及ぼしかねないのが、反ワクチン論である。

反ワクチン論では、ワクチンの有効性や安全性を裏づける証拠は、軽く見られがちである。その一方で、ワクチン接種後の病気の発症や死亡の事例は、ワクチンが引き起こしたものとして過大に重視される。また、そうした事例がたとえ別の仮説で説明できても見向きもされない。ここには確証バイアスの働きが見られる。そして、社会の中で反ワクチン論が勢力を広げてくると、せっかく感染症に対する公的な政策が講じられていても、ワクチン接種を忌避する人々の増加を招き、感染症の流行に歯止めがかからなくなってしまうことが懸念されるのである。

この認知バイアスは、科学的思考を身につけるうえで、現実にはなかなか乗り越えがたいハードルのひとつだ。けれども、右に示した例からわかるように、「はじめに」で述べた「思考の公衆衛生」という発想からも、そして文字通りの公衆衛生の増進という意味でも、確証バイアスについて知っておくことの社会的な意義は非常に大きいのである。ちなみに、第1章で引用したベーコンの難破船の逸話は少し確証バイアスにも関わっているので確認してみてほしい。

その他の認知バイアス

認知バイアスにはたくさんの種類があるので、興味のある読者は他の入門書に当たってもらいたい。次節に移る前に、因果関係に関わるものを少し追加しておこう。

・**基本的帰属錯誤**　人の行動を説明するさいに、性格や素質などの内的な要因を過剰に重視し、環境や状況からの影響といった外的な要因を不当に軽視する。
〈例〉ある人物が、本当は家族が病気で面倒を見るために頻繁に会社を休まなくてはならない状況に置かれているのに、「あいつは欠勤してばかりだ。根が怠惰なんだろう」というように、もともとの性格に原因を誤って帰属させて評価を下す。

・**平均への回帰の見落とし**　ランダムに変動する現象は、たまたま平均から外れても、いずれ平均の近くに戻っていく（平均への回帰）。これに気づかないと、無関係な現象をその原因だとする間違った因果推論をしてしまいやすい。
〈例〉1年目に新人賞をとった優秀な選手が2年目からの成績はぱっとしない――これについては、「新人賞の呪い」のようなジンクスとして怪しい因果的説明がされてしまいがちだ。しかし、最初の年にたまたま実力以上の好成績を収めたけれども、次の年にはその選手の平均つまりもともとの実力に回帰した、というだけの話だったりする。

・公正世界信念と内在的正義　世界はわけへだてのない公正なものであり、人はそれに見合った賞罰を受ける。この考えを「公正世界信念」という。そこから、幸運にも不運にもしかるべき原因が存在する——たとえば病気は過去の悪行が引き起こしたものである——と見なしてしまう（こちらは「内在的正義」という）。

〈例〉平清盛が高熱に苦しんで死んだのを、強権的な独裁政治を行ったことの「罰が当たった」と捉えてしまう。実際にはマラリアだったといわれる。

こうした認知バイアスの影響をうまく緩和・排除する仕組みを発展させてきたことも、科学という活動の強みとなっている。この点はあとの章で詳しく扱うことにして、本章では引き続き科学的思考を阻む要因について解説していこう。

コラム5

数字のトリック

本文に出てきた米国の軍人の話には続きがある。報道ではさらに、２０１２年の軍人の自殺者数は戦闘による死者数を上回るという話も——「米兵は敵よりも自分に対して危険だ」という警句とともに——紹介されたという。けれども、これはおかしい。２０１２年のように、米軍が大規模な戦闘を行っていない年には、戦死よりも自殺が多くなるのは当たり前のことなのだ。

この間違いがわざとかどうかは不明だが、これに類する「数字のトリック」は色々な場面で見受けられるものだ。日頃から注意を心掛けたい。

たとえば、「合格率85パーセント」という予備校の触れ込みを考えてみよう。果たしてそれは、予備校の指導のたまものだろうか？　もともと受験者の多くが合格するような簡単な試験だった、難しい試験ではあるけれども成績優秀な人にしか受験させないようにしている、などなどの可能性も考えなければならない。似たようなケースとして、同じ「就職率が90パーセント」という学校でも、1000人が入学してそのまま退学者なしに900人が就職したのと、300人が退学して残り700人中の630人が就職したのとでは、数字の意味がかなり違うことになる。

数字が直接示されるわけではないが、「三振がほかの選手よりも多いバッター」という表現からはどんな印象を受けるだろうか？　これはそもそも打席に立つ機会がたくさん与えられている、つまり活躍が期待されているからこその結果なのかもしれない。何事も数字だけから一面的に捉えることの危うさはつきものなのだ。

2　素朴理論（1）素朴物理学

認知バイアスに加えて、**「素朴理論」**と呼ばれる心の働きもまた、科学的思考の大きなハードルである。素朴理論とは、一人ひとりの人間が日常生活を送る中で自ずと身につけている、この世界を説明・理解するための枠組みのことだ。身の周りの物理的な現象については**「素朴物理学」**、遺伝や進化などを扱う**「素朴生物学」**、そして人間の心の働きを理解するための**「素朴心理学」**、というように素朴理論はいくつかに分類される。素朴理論は「日常理論」「民間理論」「直観理論」などとも呼ばれる。

残念ながら、素朴理論はこの世界を正しく捉えているとは限らないし、ときには混乱の種にさえなる。学校で理科の時間に教わるような——第1章の言葉でいえば「狭い意味での科学」における——科学的な理論とは、大きく異なるところも少なくないのである。科学を学ぶことの難しさの一部は、すでに身につけている素朴理論やそこに含まれる**「素朴概念」**に、修正や洗練、あるいは大幅な改訂が求められることにある。

このことを、本節ではまず、素朴物理学に即して確認していこう。はじめに具体例となる問題を示すので、少し考えてみてから、解説に進んでほしい。

問題　以下の①〜③に理由とともに答えよ。

①１００グラムの羽毛と１００グラムの鉄では、重いのはどちらか？
②米粒ほどの小さな鉄のかけらと、自動車サイズの大きな発泡スチロールのかたまりとでは、水に沈むのはどちらか？　ただし表面張力の影響は無視する。
③25℃のタオルと25℃のタイルでは、触れると温かく感じるのはどちらか？

①質量・重力——素朴概念の洗練

羽毛と鉄はともに１００グラムなのだから、どちらか一方が重いということはない。ところが、多くの人が「重さは同じ」が正解だと頭ではわかっていても、そう答えるのに一瞬のためらいを覚える。というのも、羽毛がいかにも「軽そうな感じ」がするのに対し、鉄の方が「重そうな感じ」がするからである。ここに素朴物理学の働きがある。

われわれ人間は、身の周りの物体や物質に、目や耳や手を通じて近づこうとする。しかし、人間にもともと備わっている視覚や聴覚や触覚は、物体や物質の正確な重さを直接的に捉えるようにはできていない。そうした知覚が検出するのは、あくまでも「どれほど重そうな感じがするか」でしかないのである。そして、素朴物理学のベースにあるのは、物体や物質についてのそうした感覚的な捉え方にほかならない。

そこで、「質量」や「重力」といった概念の出番となる。「重そうな感じ」は個人によって違うし、同じ人でも一定とは限らない。それに対し、質量や重力は定量的に定義されており、誰にとっても同じになる——装置を使って厳密に測定することだってできる——という意味で公的な性格をもっている。素朴物理学に邪魔されつつもこの問題に正解できるのは、そうした概念を学んだおかげなのだ。

第1章のレゴブロックの比喩（29頁）を使おう。素朴物理学に含まれる「重さ」という素朴概念は、知覚を通じた「重そうな感じ」に根差した、形のはっきりしないブロックである。そこに磨きをかけて形を整えていくことで、質量や重力といった洗練されたブロックが得られる。そうしたブロックなら、しっかりした構造物を作るためのパーツとなるだろう。科学的思考は明確に定義された概念によってうまく組み立てられるのだ。

さて、これと似たようなことは、物体の大きさの捉え方に関しても起こる。物体の大きさを目で見て推し量ろうとするとき、まずわかるのは「どれほどかさばって見えるか」であって、物体の「体積」がうまく捉えられているとは限らない。体積もまた、素朴概念を洗練させなければ得られない定量的な概念である。これが次の②にも少し関わってくる。

②密度——新たに作られる概念

米粒ほどの小さな鉄のかけらが「軽そう」なのに対し、自動車サイズの発泡スチロールのかたまりは「大きくてかさばっている」といった印象を受ける。では、水に沈むのはどちらだろう?

正解は「鉄のかけら」だが、その理由まで説明しようとすると「密度」の概念を使わなければならない。鉄のかけらは、質量と体積は小さいけれども水よりも密度が大きいので、水に沈む。これに対して、自動車サイズの発泡スチロールのかたまりは、その質量と体積がどれほど大きくても、水よりも密度が小さいので浮く。この説明は「浮力」の概念を使ってさらに続けることもできるけれども、ここではその必要はない（浮力を数式できちんと表すには密度の概念を使わなければならない）。

密度は、体積に対する質量の割合である。物体の質量を体積で割れば密度が得られるわけだ。このうちの質量と体積は①でも触れた概念だが、密度の概念を身につける方が難しい。どうしてだろうか。

レゴブロックにたとえるなら、最初に買ったキット（素朴物理学）の中には、密度の概念に対応するブロックがないからである。質量や体積の概念なら、いわばその原型となるブロック（素朴概念）がすでにキットの中にあるので、それに磨きをかけて形を整えれば得られる。しかし、密度の概念を得るには、そこからさらに質量と体積の概念を組み合わせて、体積に対する質量の割合にあたる新しいブロックを作り出さなければならない。

しかも、割合や比率という数学的な概念がそもそもやっかいである。『「%」が分からない大学生』という日本の数学教育の危機を訴える書籍もあるほどだ。確率を苦手とする人も多いが、場合の数の比率という概念がつかみにくいのがその一因だろう。

いずれにせよ、科学的思考を組み立てるためのパーツには、密度のように、素朴理論には含まれていない、だから手元の材料で新しく作らなければならない概念もある。これもまた科学的思考のハードルだ。

③温度・熱・エネルギー

問題を再掲する。「25℃のタオルと25℃のタイルでは、触れると温かく感じるのはどちらか？」

最初に思いついた答えで正しい。日常的な経験が教えてくれるように、25℃のタオルに触れたときの方が、25℃のタイルよりも温かく感じる。同じことだが、「タオルよりもタイルの方が同じ25℃でも冷たく感じる」、といってもよい。温かくても冷たくても、25℃という「温度」は変わらないのだが。

この問題からわかるのは次のことだ。われわれ人間にもともと備わっている知覚は「温かさ」や「冷たさ」、あるいは「熱さ」の感じを検出してくれる。しかしそれらは、温度計を使って測定できる「温度」と同一であるわけではない。この点で、定量的に表現できる概念としての温度は、質量や重力や体積と似ている。そうした概念は、素朴物理学での感覚的な捉え方から出発して、素朴概念に洗練を加えることで得られるのである。

だが、問題では答えの理由まで問われている。「温度は同じ25℃なのに、タオルとタイルで触れたときの温かさの感じが違うのはなぜか？」という点まで答えられてようやく完全な解答となるのだ。これは難しいかもしれない。

──タオルとタイルでは、温度が同じでも、熱の伝わりやすさ（熱伝導率）は異なるから、というのがその答えだ。人間の手の知覚は、熱が伝わりにくいタオルは温かく、熱がすぐに伝わるタイルは冷たく感じる、という働き方をする。人間の手が温かさや冷たさの感じとして捉えているのは、実は物体の温度ではなく、熱の伝わりやすさ・にくさの方なのだ。

そして、いまの説明に出てきた「熱」は、「温度」とは別の概念である。しかもそれは、日常の場面にも現れる素朴概念としての「熱」とも異なっている。熱の物理学的な定義まで含めてきちんと解説しようとすると、今度はさらに「エネルギー」という概念に触れなければならなくなる。これもまた込み入った概念なので、熱といっしょにコラム6に回してしまおう。ここでは、温かさや冷たさのような素朴物理学の概念と、物理学的に定義される温度や熱や熱伝導率のような概念との間には、それなりのギャップがあることを確認しておいてもらえれば十分である。

コラム6

熱とエネルギー

素朴物理学では、熱はある種のモノ（目に見えない流体）として捉えられがちである。たとえば、お湯に手を入れると、熱というモノが手に流れ込んできて温かくなる、というように。だがこれは正しくない。現代の物理学では、熱をモノではなくエネルギーの一形態として理解する。

物体がもつ熱をエネルギーとして捉えるには、その物体を構成するミクロな粒子（原子や分子）のもつエネルギーに目を向けるとよい。そうしたミクロな粒子はそれぞれ運動していて、互いに影響を及ぼし合ってもいる。これによって粒子のもつエネルギーが決まり、そのトータルが物質の全体がもつエネルギーとなる。そしてそれを「熱」と捉えるのである。おおざっぱにミクロな粒子の運動にのみ注目していうと、激しく動き回る粒子はエネルギーが大きいので、大きな熱をもつ物体はそうした粒子をたくさん含んだ状態にある、と思ってほしい。白熱するサッカーの試合では、選手たちが活発に動き回っている、というのと似たイメージである。

では、エネルギーとしての熱が「伝わる」というのはどういうことか。熱の移動の仕方は3種類あるが、ここでは熱伝導を取り上げて説明しよう（他は対流と輻射）。

お湯に手を入れると、その中で激しく動き回っている無数の水分子が、手を構成する粒子に次々とぶつかる。すると、ぶつかった水分子は動きが鈍くなって、トータルではお湯が冷めていく。これに対し、手を構成する粒子は活発に動くようになり、全体として手が温まっていく。こうして、エネルギーとしての熱がお湯から手に移動するのだが、熱というモノが動いたわけではない。それはあたかも伝言ゲームのようなプロセスだ。人は移動しないけれども、人から人へと情報は伝わっていく。そのスムーズさに当たるのが熱伝導率である。

歴史的には、熱とは別に「冷たさ」もそういうモノがあると考えられていた時期がある。だが、これもエネルギーとしての熱が――たとえば自分の手から氷の側へと――どんどん伝わっていくプロセスだ。

実は、音が伝わる現象もほとんど同じようなプロセスである。振動する空気分子のエネルギーが隣の分子へと次々に伝わっていくのが音波なのだが、素朴物理学ではやはり音というモノとして捉えられることがあるようだ。他には、光も波の一種（電磁波）であるから、エネルギーが空間を伝わっていくプロセスとして理解しなければならない。いずれも「モノではなくコト」として考えるとわかりやすいかもしれない。

話を熱に戻すと、18世紀の近代化学の父アントワーヌ・ラヴォワジエですら、熱や光を元素というモノだと考えていた。右で説明したような熱をエネルギーの一形態として捉える見方が確立されるのは、ようやく19世紀になってからである。とはいえ、やはり素朴物理学とのギャップは大きく、現代でも学習者がつまずきやすいポイントになっている。

力の概念をどう学ぶか？

素朴物理学に関しては最後に、主に力学における「力」の概念をどう学ぶかという観点から少し補足しておこう。感覚的にはごく自然に思われる「力」の捉え方が、力学で定義される力の概念と異なるという意味で、この話題もまた「心理は真理を保証しない」という本章の標語の例になる。ただし、以下の説明は高校以降で物理分野に触れていないと少しとっつきにくいかもしれないので、「どうかな」と感じたら斜め読みでも結構である。

素朴概念としての力はおおよそ以下のようなものだ。物体に力を加えると、その力が物体に伝わる。すると、伝わった力のおかげで物体は運動を開始し、その力を使い果たすまで運動し続けて、やがて静止する。ここでは、力は物体の内部に存在する――ある種の「勢い」のような――ものとして捉えられており、またたいていは、物体の速度はそうした力の産物として理解されることになる。ボールを投げると、力（勢い）を保っているうちは速度が大きく、それを失うにつれて速度も小さくなっていく。これは、日常の実感にもフィットするのではないだろうか。

だが、ニュートン力学ではこんなふうに説明する。物体が一定の速度で運動し続けるとしたら、それは慣性の法則が成り立っているからであって、物体の内部にある力を使い続けているからではない。細かい点はスキップするが、力とはむしろ、物体の運動状態を変化させるもの（加速度運動の原因）をいうのである。運動している物体の速度が徐々に小さくなるときには、摩擦力のような力が物体の外から働いている。そのせいで、物体の加速度の向きが速度の向きと反対になる……。

このように、素朴物理学とニュートン力学では、同じ「力」という言葉が出てくるけれども、概念としての違いはかなり大きい。しかも、ニュートン力学の力の概念は、運動や速度、加速度といった概念、あるいは慣性の法則などとも密接に結びついているし、そうした要素からなるニュートン力学という理論そのものが、この概念の内容を定めているともいえる（第1章のコラム1で説明した「理論的定義」を参照）。

だから、ニュートン力学の力の概念を学ぶには、力に関連する概念や法則を含む、ニュートン力学というシステムをまるごと身につけなければならない。それは結局のところ、もとの素朴物理学に大改訂を施す作業を伴うものとなる。これが物理分野の学習を難しくする一因である。

とはいえ、素朴物理学のような素朴理論がいつも悪さをするわけではない。次の問題を通じてそれが役立つ場面を説明しよう。

図3-3　机に載っている本に働く力とは？

> **問題**　机の上に載っている本には、どんな力が働いているだろうか？（図3－3）

空気からの影響などは無視すると、この本には、地球からの引力つまり重力のほかに、重力と同じ大きさで反対向きの力が机から働いている（図3－4）。そして、このふたつの力が打ち消し合って、結果として本の運動状態は変化せず静止し続けることになる（慣性の法則）。

というわけで、正解は「重力と机からの力」なのだが、重力もさることながら、初学者には机からの力を考えるのが難しい。先に述べたように、素朴物理学では、力は物体の内部にあって物体を運動させるものとして捉えられる。だが、この問題の状況では、本は運動していないのに、その外にある下の机からの力が加わっている。この状態が、感覚としては理解しにくいのである。ここは、力学の学習で序盤の壁になりかねない箇所だ。

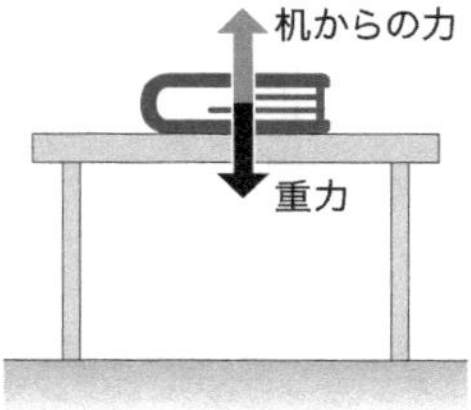

図3-4　重力と同じ大きさで働く「机からの力」

この壁を乗り越えやすくするのに有効な方法を紹介しよう。日常的になじみのある現象を橋渡しとして使うのである。図3－5の一番左は「ばねの上に手を置くとそこから上向きに反発する力を受ける」というよくある経験を想起させる絵だ。これを「アンカー」（支え・よりどころといった意味）とする。一番右が、本が机の上に載っているだけの状態、つまり最終的に理解させたい「ターゲット」である。

アンカーのひとつ右の絵に進もう。本をスポンジのような素材でできた台の上に載せた状態だ。ばねから手に反発を受けたのと同じように、本はスポンジ台から上向きに反発す

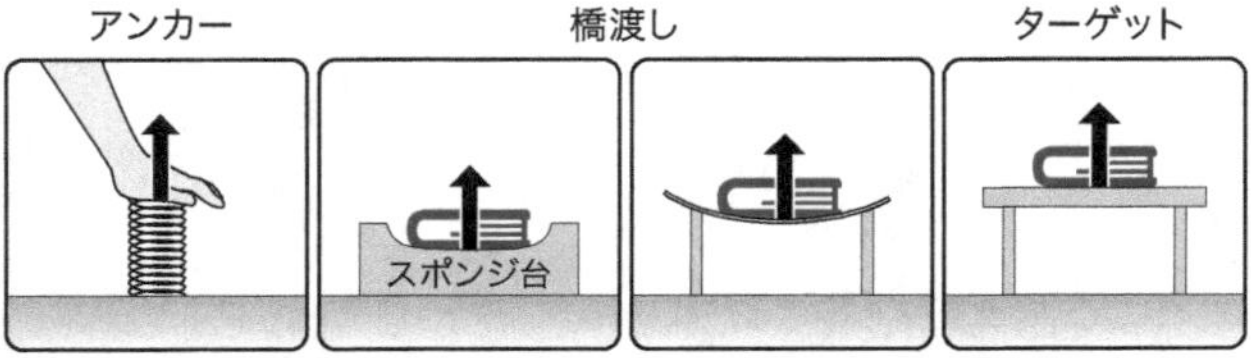

図3-5　アンカーを使って理解する「上向きの力」
（Clement, 1993を元に作成）

る力を受けて静止していることがすぐわかる。さらにその右にある絵は、たわんだ合板の上に本が静止して載っている状態を示している。ここでも本には合板から上向きの力が働いていることが直ちに理解できる。

このように順番に橋渡しをしていくことで、最終的にターゲットの状況でも、本が机から上向きの力を受けていることが腑に落ちるようになる。こうして、素朴理論やそのベースとなる感覚的な捉え方もうまく使えば科学の学習を手助けしてくれるのだ。そもそも、科学的思考を身につけるには、欠点はあるにせよ、ともかくは素朴理論からスタートしなければならない。そして、とりもなおさずそのことは、日常の思考の続く先に――途中にハードルはあるけれども――科学的思考があることをよく物語っているのである。

――では、そろそろ物理現象から生物の領域へと話題を転じることにしよう。

3 素朴理論（2）素朴生物学

遺伝や進化などを扱う素朴生物学は、素朴物理学と並ぶ素朴理論だ（素朴心理学についてはコラム7で触れる）。しかし、素朴生物学は、それだけで一冊の本が書けるほど大きなテーマである。以下では、本章の目的に照らして重要なポイントに絞って解説しよう。

ここで区別をひとつ取り入れておきたい。心理学では、素朴理論から科学的思考への進み方のパターンを大きくふたつに分ける。もとの大枠を保ったままその中身をきめ細かく充実させていく**「豊富化」**と、素朴理論の中心部分の再構成による**「概念変化」**である。概念変化はときに新しい概念の導入を必要とする。

動物という概念は、人間が成長するにつれて自ずと身につくものである。未知の動物について知ったときにも、動物についての理解の大枠を変える必要はない。ツチブタを知らない状態からツチブタについてあらたに学ぶと、その分だけ動物に関する理解には豊富化が起こる。これに対して、ニュートン力学の「力」の概念を身につけようとすれば、かなりの概念変化が求められることになる。そのためには、前節で見たように、素朴物理学の大幅な改訂が必要になるのだ。では、素朴生物学についてはどうだろうか？

病気にまつわる素朴生物学

素朴生物学は、生命、栄養摂取、成長、病気、死、遺伝、適応、進化など、さまざまな生物現象を広くカバーしている。ここでは、身近な現象のひとつとして、病気やその原因が素朴生物学ではどう捉えられているかを見ていこう。

たいていの現代人は、感染症にかかるのは病原菌（病原体）が体内に入るせいだと知っている。そのおかげで、おおざっぱながらも、感染症についての因果的説明ができるわけだ。そこで、手洗いの励行やワクチンの接種などの予防策を講じるし、感染症にかかったら薬を服用するなどして治療を試みる。因果的説明が、感染症についての予測や現象の制御、医療的な処置に結びついているわけだ。

病原菌は、日常の言葉づかいでは「ばいきん」とも呼ばれる。しかし、一口に「病原菌」や「ばいきん」といっても、細菌やウイルスなどの分類があり、感染症への対応の仕方も変わってくる。サルモネラ菌による食中毒には、細菌に有効な抗生物質が投与される。インフルエンザはウイルスが原因であるから、その治療には抗ウイルス剤が用いられる。ただし、抗ウイルス剤はウイルスの増殖を抑えてはくれるものの、ウイルス自体を殺すわけではない。だから、最終的な治癒には自分自身の免疫に働いてもらわなければならない。

細菌やウイルスのほかにも、病原菌には次のような種類がある。水虫の原因となる白癬《はくせん》菌《きん》のような真菌、蚊が媒介するマラリア原虫をはじめとする原虫、そして、魚介類の生食からアニサキス症を引き起こすアニサキスや長大になることで知られるサナダムシなどの寄生虫――それぞれサイズや生物としてのあり方がかなり異なるし（ウイルスは生物と無生物のどちらなのか微妙だが）、感染症の治療法もさまざまである。しかし、こんなふうに少し学んだだけでも、感染症についての理解には豊富化が起こる、つまり大枠としてはあまり変わらないまま内容がはっきりきめ細かくなるはずだ。

ところが、素朴生物学には、同時に次のような傾向も見られる。**少なくない人が、病気にかかってしまう原因を、道徳的な視点で捉えがち**なのである。この因果推論の偏りは幼児に顕著だといわれる。風邪をひいたり歯痛になったりしたら、「言いつけを守らなかったせい」「嘘をついたから」というように、悪事に対する罰だと考えてしまうのだ。

病気にまつわるこうした因果推論は、本章第1節で触れた公正世界信念および内在的正義と結びついている。世界は公正にできているので、思慮の浅いふるまいをした人間や道徳的な悪行を働いた者は、それに応じた罰や報いがあってしかるべきだ、病気にかかるのはそのせいなのだ、と。

これは、幼児に限らず、現代の成人にも見られる誤った推論である。極端なケースになると、「コロナ禍は堕落した人類に下された天罰だ」といった見方にさえつながる。こうした傾向を修正しようとすると、素朴生物学に混入している道徳的な視点を取り除かなければならない点で、大幅な概念変化が必要になる。

素朴生物学のさまざまな面

病気以外で素朴生物学が顔を出す場面をいくつか挙げておこう。いずれも幼児にはよく見られるものだ。

- **一種のアニミズム**　無生物でも、自らの力で動くものになら、生命が宿っている。歩いたり話したりするロボットは生きているが、はっきりとは動かない植物は生きていない。
- **生気論的な見方**　生物は、生気のようなある種の生命力によって活動する。心臓の機能は、そうした生命エネルギーを血液で全身に送ることである。
- **食事の理解**　栄養摂取のためではなく、満足感を得るためにものを食べる。
- **成長や老化のプロセス**　なだらかに連続的に起こるのではなく、一段階ごとに次のステージに進む。中年はあるとき一気に老人になる。

・**親子の類似性**　親子が似ているのは、遺伝情報が伝達されるからではなく、養育の結果である。

・**心理的本質主義**　生き物の表面に見られる性質やふるまいは、その内部にあって変わることのない本質に由来する（次の項で詳しく解説する）。

こうした捉え方は、成長とともに力が弱まり、徐々に洗練された科学的な見方へと置き換わっていく。ただし、もとの捉え方が完全に消滅するわけではなく、大人になっても残存することが実験で確かめられている。この中では、生気論的な見方からの脱却がやや難しく、病気についての公正世界信念と並んで、大人でもオカルト的な方向へと導かれる要因となるわけだ。

しかし、次に見る心理的本質主義というハードルは、乗り越えるのがさらに難しく、しかも広範に弊害をもたらしかねないものである。

心理的本質主義とその弊害①偏見や差別の温床

本書の読者は、まず間違いなくヒト（ホモ・サピエンス）だろう。体の大部分が無毛で、直立二足歩行し、言語を操り、料理をし、学び、教え、遊ぶ。生物としてのヒトに特徴的なこうした性質や行動は、いったいどこから来るのか。

心理的本質主義にもとづく答えはおおよそこうだ。各人はその中にヒトという種の本質を有している。それは親から受け継いだ遺伝子であり、その本質がチンパンジーやカメのような他の生物種からヒトを分けている。一人ひとりの人間は、体重が増えたり、髪をばっさり切ったり、あるいは老化が進んだりすれば、外見やふるまいが変わってしまう。だがそれでも、依然としてヒトという同じ種のメンバーであり続けられるのは、ひとえに内部にあるヒトとしての本質はそのままだからだ——。

心理的本質主義では、ものごとの表面に見られる性質やふるまいは、その内部にあって変わることのない本質に由来すると考える。「心理的」という形容詞がつくのは、そうした本質が実際にあるかどうかによらずに、心の働きとしてそう考える傾向のことをいうからである。

水の場合、その本質はH_2Oからできていることだろう。水に対して心理的本質主義が働くことにも問題はなさそうだ。無色透明で無味無臭の液体で、沸点は１００℃、といった水ならではの性質は、H_2Oでできているという本質から出てくる、というように。だがもし心理的本質主義が作動する対象が「埼玉県人」ならどうだろう?

映画や漫画でしばしば揶揄《やゆ》されるように、埼玉県人には「海に強い憧れをもっている」

「なぜか東京の人よりも東京に詳しい」などの際立った特徴がよく観察されるとしよう。しかし、そうした特徴は、埼玉県人という集団の本質(埼玉県人の遺伝子?)に由来するのだろうか。もしそんなふうに考えてしまうなら、それは心理的本質主義の誤作動というほかない。

問題は、このタイプの誤りが、特定の人種や民族を対象にして生じるときである。偏見や差別につながりかねないのだ。「〇〇人の奴らは根っからの××なんだ」という決めつけには、心理的本質主義の影響が色濃く見られる。その人種や民族に固有の本質(遺伝子)があり、それがその集団ならではの特徴やふるまい、気質、考え方、などなどを生み出しているのだ、と。こうした思考は、異なる人種や民族に属する人たちを、自分たちとは本質的に別の集団であると——ことによると生物学的にも異なるグループとして——見なしてしまう傾向にもつながりかねない。あるいは「お前も日本人なら大和魂をもっているはずだろう?」のような発言も根底では似た発想に根差しているかもしれない。

そもそも、人種や民族は、遺伝子という生物学的な本質にもとづく分類だと思われやすいが、現代の生物学ではその考えは支持されないといってよい。細かい点はスキップするが、遺伝子を見ると、ヒトは平均してDNA配列の99・9パーセントが一致し、全体ではほとんど違いがない。肌や目や髪の色などの目につきやすい違いからグループ分けをしたくなっても、人間はみなホモ・サピエンスという単一の種に属している。ヒト全体をさらに人種や民族といった下位グループに分ける基準になるような、それぞれの集団のメンバーだけに共通する本質みたいなものはないのである。埼玉県人に固有の遺伝子を基準にしてヒト全体の中から埼玉県人という集団を選び出す、なんてことが不可能なのと同じようなものだ。実際には、社会的な目的や慣習にもとづいて人間が設定しているグループ分けにすぎない（東欧ユダヤ人に多く見られるテイ＝サックス病のように、特定の人種や民族がもっている可能性の高い生物学的特徴というのもなくはないけれども、それは集団の本質とは異なるものだ）。

そんなわけで、人種や民族という分類は、埼玉県人と同様に、社会的なカテゴリーではあっても、生物学的な意味はあまりない。「同じ人種や民族に属する人たちは見た目が似通っているではないか」といわれるかもしれないが、それは要するに家族や親戚が似た人たちの集まりであるのと基本的には変わらず、単にその規模が大きくなっているだけである。どこかの企業の「創業者一族」が生物学的にどの範囲まで及ぶのかがはっきりしないのと同じく、人種や民族を生物学的にグループ分けする明確な切れ目がどこかにあるわけでもない。にもかかわらず、心理的本質主義によって、あたかも生物学的な本質にもとづく区別が可能であるかのように思えてしまう。ひいてはそれが特定の人種や民族に対する見方に偏りや歪みをもたらしかねないのだ。

さらに、心理的本質主義は、職業や出身校、社会経済的地位、趣味や信仰などにもとづく他の社会的なカテゴリーに対しても働いて、何らかの悪影響を生み出すかもしれない。少し極端だが、たとえばこんな発想につながる危険性である。富裕層には富裕層に固有の本質があり、貧困層には貧困層に固有の本質がある。そうした本質によって、各階層に属する人間は生まれつきの潜在能力が決まっている。だから、経済力に差があるのも生まれながらの能力が違うのだから――「あいつらはもともと仕事ができないんだから」――当然のこととして受け入れなければならないんだ……。心理的本質主義の誤作動は、科学的思考を阻むだけでなく、社会に分断をもたらすリスクさえあることを知っておかなければならない。

心理的本質主義とその弊害②進化に関する誤解

実は、現代の生物学の観点からすると、人種や民族といった社会的なカテゴリーだけでなく、ヒトやチンパンジーやクジラのような掛け値なしの生物学的なグループについてさえ、定まった本質があると主張するのは簡単ではない。水については、どんな水のサンプルも共通してH_2Oでできた物質であるという本質は変わらない。だが、生物の場合、同じ種に属する個体同士でも遺伝子には多様性が認められる（ヒトは遺伝子の多様性がかなり小さい

図3-6　段階的に直立歩行へ……ヒトの進化を描こうとした紛らわしい図

種である）。生物の「種」という単位をうまく捉えるには、遺伝子が大きな役割を担うのは間違いないことではあるけれども、環境からの影響や集団内での生殖関係なども考慮に入れなければならない、というのが現代の生物学の教えるところだ。

しかし、素朴生物学に組み込まれた心理的本質主義が働くと、「同じ種の個体なら遺伝子という本質も共通していて変わらない」とつい思ってしまう。この考えを捨てて、「種は遺伝子を含めて少しずつ変化していく」という方向に概念変化を起こさなければ、現代の生物学の知見、とりわけ生物の進化についての理解は進まない。以下ではこのハードルを乗り越えるための手助けとなるように、進化にまつわる誤解を解きほぐすことを試みよう。

ヒトの進化を描こうとした図3－6には、心理的本質主義に根差したよくある誤解が表れている。チンパ

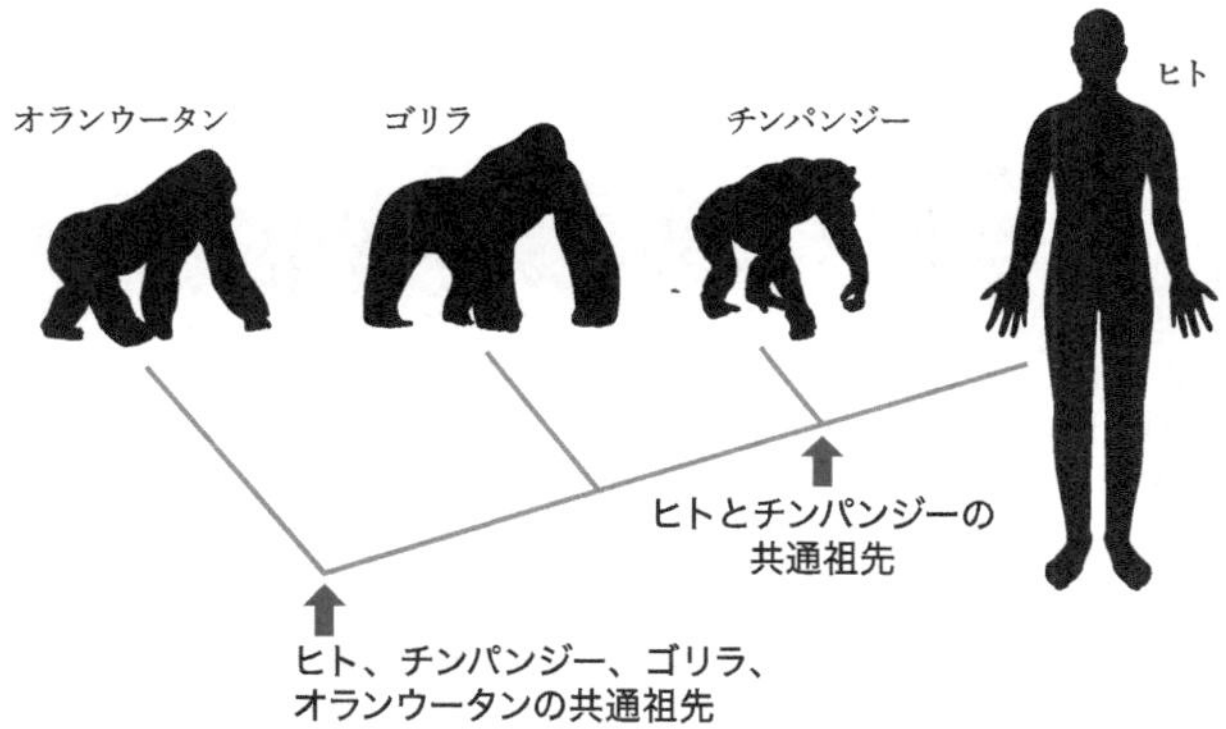

図3-7　共通祖先からの「枝分かれ」を示した図

ンジーのような類人猿が、猿人や原人などを経て、最終的にホモ・サピエンスに至るまで、一段ずつ単線的に進化する。さて、その間のプロセスは一体どうなっているのだろう？

かりに種ごとの本質が固定されて決まっているなら、一段ごとに種のまるごとが全面的に変容するのでなければ、新しい種には進化できないはずだ。古い種に属するすべての個体がいっせいに新種の個体へと進化する。そのときには全員の本質も込みで別物に変わっているのだ。……これはさすがに無理のある話だろう。こうした変化は、もしあるとしたらポケモンでいう「進化」に近いが、生物の進化の理解としては端的に間違っている。

現代の生物学では、進化とは「共通祖先」から出発し、そこから変化を伴いながら少しずつ進む枝分かれのプロセスである、と捉える。図３－７

では、ヒト、チンパンジー、ゴリラ、オランウータンが同じ現在に位置している。どの種も数千万年前の共通祖先から出発し、長期にわたる変化と分岐の過程を経て、現在に至っているのである。ヒトとチンパンジーが同じ共通祖先から分かれたのは、およそ700万年前といわれる。したがって、ヒトはチンパンジーのような現存する種から直接進化してきたわけではない。いま生きている類人猿たちは、ヒトの祖先ではなく、むしろヒトの「いとこ」みたいなものだ。

この悠久のプロセスの中ではたくさんの種が枝分かれしていったけれども、ヒトや現存の「いとこ」たち以外は絶滅してしまっている。図には描かれていないが、ヒトがチンパンジーと分かれたあとの枝でも、いわゆるジャワ原人やネアンデルタール人などの「親戚」たちが途中で分岐している。ネアンデルタール人は、その遺伝子が現代のヒトにも見出せることから、一部はホモ・サピエンスに吸収されたらしい。ホモ・サピエンスが登場するのが20万年ほど前といわれており、その枝の先端にいるのが、いま生きている私たちにほかならない。

さて、この分岐のプロセスを逆にたどれば、ニホンザルやアイアイといった霊長類たちとの共通祖先も現れる。さらにさかのぼれば、他の哺乳類との共通祖先、そして爬虫類や魚類などの動物との共通祖先(現在のナメクジウオに似ていたといわれる)とも出会えるだろう

（図3－8）。最終的には、地球上の全生物の共通祖先に行き着くわけだ。現存するあらゆる生物は、遠い遠い親戚なのである。

そういえば、むかしテレビで「笑っていいとも！」を見ていたら、視聴者からの素朴な疑問を取り上げるコーナーに、こんな疑問が寄せられていた。なぜ今いるサルは人間に進化しないのか？

それほど「素朴な疑問」ではない気もするが、おそらくここには生物学的な意味での進

図3-8　ナメクジウオに似ていたとされる「共通祖先」

（バレット『バレット博士の脳科学教室 7½章』を元に作成）

化と「進歩」との混同も反映されているのではないだろうか。生物はヒトになるのが望ましいことで、進化とはヒトに向かう進歩のプロセスなのだ、というように。しかし、進歩と違って、生物学でいう進化にそのような意味はない。進化とは、単にさまざまな「いとこ」が増えていくようなものだと理解できれば、そうした誤解も避けやすくなるはずだ。だがそのためには、素朴生物学に一定の概念変化を起こすことがどうしても必要となるのである。

4　説明深度の錯覚

本章ではここまで、認知バイアスや素朴理論など、科学的思考を阻む心理的な要因を確認してきた。とはいえ、自分の中にあるそうした要因をあらためて見つめ直すのも、実際にはなかなか難しいことだ。

この困難そのものにも、**「説明深度の錯覚」**という心理的な現象が関わっている。この現象のせいで、われわれは感覚的な捉え方だけで物事がよくわかっている気になってしまう。だから、自分の思考の偏りや弱点を意識しづらい。結果として、自発的な改善を試みるきっかけすらめったに得られない。科学的思考を阻むものとして、本章では最後にこのことについて手短に説明しておこう。

説明深度の錯覚とは何か?

説明深度の錯覚とは、**何かを説明しようとするとき、それについての自分の理解が実際よりも深いと思ってしまう——本当は思っていた以上に浅かった——という現象**のことである。これについては有名な問題がある。

問題 以下の(1)(2)に答えよ。

(1)欠けている自転車のパーツを図3-9に描き込め。

(2)衣類などに用いられるファスナーが閉まる仕組みについて、

①自分がどのくらい理解していると思うかを、7段階評価で答えよ。

②その仕組みをできるだけ詳細に説明せよ。

③もう一度、自分がその仕組みをどのくらい理解していると思うかを、7段階評価で答えよ。

順に見ていこう。（1）は、最初は簡単そうに感じたとしても、いざ取り組んでみると意外なほど難しいことがわかる。どんなパーツが欠けているのか。チェーンやペダルはどこにどうあるべきなのか。研究によると、図を正確に描き上げられる人は半分程度であるらしい。自転車はとても身近だから、それだけに自分では熟知しているつもりになる。けれども、その構造や仕組みについては、不完全で浅い理解しか持ち合わせていないかもしれない。

図3-9
欠けているパーツは？
（スローマン＆ファーンバック『知ってるつもり』より）

これが説明深度の錯覚である。自分では「よくわかっている感じ」がして「知っているつもり」でも、その心理は真理を保証してくれないのだ。この問題の正解は――次に自転車の現物を見たときに各自で確かめてみてほしい。

（2）でも、問われているのはファスナーという日常的に繰り返し触れるものの仕組みである。設問の順番は、説明深度の錯覚が生じていることを自覚させるようになっている。①では高めに評価をした人も、②になると実際に説明することの難しさが身に染みる。そのあとの③では、謙虚になって評価を2段階ほど下げたりするわけだ。ファスナーが閉まるメカニズムをうまく説明するのは骨が折れるので、気になる読者は動画などを探して見てもらいたい。

素朴理論と説明深度の錯覚

そして、説明深度の錯覚は、自転車やファスナーのような人工物だけでなく、自然現象についても起こるものである。素朴理論との関わりがここにあり、次のような身近な自然現象のメカニズムを問うことでそれが明らかになる。

・海の潮の満ち引きはどのように起こるのか?
・虹はどうやってできるのか? なぜあの形であの色の順番なのか?
・季節はどんな仕組みで移り変わるのか?

どれも実際に説明しようとすると、思いのほか難しかったり、あるいは単純な勘違いが判明したりして、理解の浅さが露呈することが少なくない。潮の満ち引きに月の引力が関わっていることも、空中の水滴と日光が虹を生み出すことも、おおまかな話としては知っている。なのに、きちんと説明し始めようとした途端、そこから先に進めなくなってしまう人も珍しくないのである。

季節が移り変わるメカニズムについては、正解も含めて解説しておこう。まず、やりがちなのがこんな間違いである。地球は太陽の周りを公転している。それは楕円軌道なので、それに伴って地球と太陽の距離が変化する。だから、地球が太陽に近づけば暑くなって夏、遠ざかれば寒くなって冬になるのだ、と。

だがもしそうなら、北半球と南半球で季節が逆になることが説明できない。しかも実際には、北半球では夏の7月上旬頃が最も太陽からは遠くなる。それに、そもそも楕円といってもさほどつぶれてはいないので、距離の変化自体が大したものではない。

正解はこうだ。地球の地軸には傾きがあるため、公転とともに太陽の南中高度が変わる。そのせいで、地表面に入射する太陽光のエネルギーも増減し、それが地表温度を変化させる。これが、季節の移り変わりの最大の原因である（北半球と南半球で季節が逆になるのも地軸の傾きから説明できる）。

海の潮汐、虹の発生、季節の移り変わり——気象や天体に関わるこうしたマクロな自然現象も、広い意味で物理的な事象であるから、素朴物理学が扱う範囲に含めてよい。しかし、そこで説明深度の錯覚が起こるということは、素朴物理学にもとづく浅い理解や誤解を、自分では気づかないまま放置してしまっていることを意味している。

素朴理論は、しばしば科学的思考を身につけるうえでの足かせとなるが、説明深度の錯覚がそこに独特なひねりを加える。この錯覚があると、素朴理論の誤りや弱点を自覚するきっかけが限られてくる。すると、その修正や改訂を試みる機会も乏しくなり、もともとの素朴理論に満足した状態で過ごしてしまうようになるのだ。

この現象は単なる自信過剰のことではないか？　そう思った読者もいるだろう。しかし、実際には話はもう少し複雑である。カップラーメンはどうすれば食べられるのか。『桃太郎』はどんな昔話なのか。読者は簡単に、そして正確に答えられるはずだ。手続きや物語についてなら、説明深度の錯覚は免れやすいようだ。けれども、人工物や自然現象の詳しい仕組みやメカニズムとなると、この錯覚が起こりやすくなるのである。

裏を返せば、人間の頭は、込み入ったメカニズムや因果関係の取り扱いがとても苦手なのだ。得意そうなふりはするけれども、できるのはせいぜい表面的な説明にすぎない。そこを突破することを目指して、科学ではさまざまな手立てを体系的に発展させてきた。そのひとつとして、次章では実験という方法を取り上げることにしよう。

◎第3章のまとめ

●科学的思考を阻む要因のひとつが、認知バイアスである。認知バイアスにはさまざまな種類があるが、とくに因果関係については、利用可能性バイアス、基礎比率の無視、確証バイアスなどによる推論の歪みに注意しなければならない。
●説明や理解の枠組みとして日常的にも用いられている、素朴物理学や素朴生物学などの素朴理論も、科学的思考を身につけるうえでの大きなハードルとなる。素朴理論に含まれる見方の洗練や充実だけでなく、ときには概念変化という仕方でその大幅な修正や改訂が求められるからである。
●物事の仕組みやメカニズムを実際以上に深く理解しているつもりになる現象が説明深度の錯覚である。素朴理論などに備わる自分の思考の偏りや弱点を気づきにくくさせ、修正や改訂の機会を奪いかねない点で、これも科学的思考を阻む一因になる。
●以上はどれも、ごく自然に感じられる捉え方が実は正しいとは限らないことを示している。あらためて「心理は真理を保証しない」ことを標語的に記しておきたい。

コラム7

陰謀論的な思考と素朴心理学

本文中では陰謀論的な思考と確証バイアスの関係に触れたが、そこには素朴理論のひとつである素朴心理学の働きも見受けられる。素朴心理学の過活動が陰謀論的な方向へと思考を導きやすくするのである。

素朴心理学とは、人間の心の状態や行為を理解するために日常的に用いられている説明や予測の枠組みのことで、「心の理論」などの呼び名もある。たとえば、道で手を挙げている人を見かけると、タクシーを停めたいからだとすぐにわかる。これは素朴心理学が働いて、その人の意図や動機が苦もなく読み取れるからだ。われわれは普段から素朴心理学を使いこなしており、他人が何をどんなつもりでしているのかを直ちに理解している。それなしには暮らしが立ち行かなくなるほど、人間の生活に密着しているといってよい。

けれども、この素朴心理学がむやみに働き、意図などないところにも何者かの意図を読み取ろうとするようになると問題が出てくる。陰謀論的な思考がそのひとつだ。

戦争や大不況、テロや要人の暗殺、パンデミックなどの事象は、色々な要因が絡んだプロセスで生じる。だが、素朴心理学がやたらと活発に働くと、何らかの邪悪な動機や計画をその背後に嗅ぎつけようとしてしまう。「何事も偶然には起こらない」「強大な力をもった黒幕の意図どおりにこの世界は動いている」。こうした単純な見方は——総じて素朴理論は込み入ったメカニズムを扱うのが苦手なわけだが——陰謀論的な思考の典型的なパターンを示している。

20世紀を代表する科学哲学者のカール・ポパーは、『推測と反駁』の中で、陰謀論は素朴な有神論的な世界観が姿を変えたものだ、と述べた。神話の世界では、神々の企みによって戦争や災害が引き起こされるが、そうした神々を悪しき意図をもった人間たちに置き換えたのが陰謀論なのだ、と。神々のごとき強大な力を備えた悪意ある人間たちの意図を読み取ろうとして素朴心理学が作動することで、陰謀論的な思考につながってしまうわけである。素朴心理学なしに社会生活を営むのは無理ではあるけれども、その過活動がときに弊害をもたらすことも知っておきたい。

第４章　実験という方法

本書はここまで因果関係を軸に進んできた。因果関係とは何か。何が因果推論を歪めるのか。この章ではその先の問いに進もう。因果関係についての仮説を立てたら、それをどう検証するか?

科学は仮説の検証を試みる営みである。何らかの因果的説明を仮説として立てたら、次にそれをテストしてみなければならない。「これがその原因に違いない」と決めつけるのではなく、その裏づけとなる証拠が得られるかどうかを確かめる必要があるのだ。このように、仮説を検証という手続きとセットで捉えるのは、科学的思考のベースにある発想である。

仮説検証のための重要な手立てが実験である。そのうち最も標準的といえるのが**「対照実験」**であり、対照実験についてよく理解しておかなければ、科学的思考を身につけることはできない。一方で、対照実験の考え方を学べば、日常の思考も大きくレベルアップする。たとえば、普段の生活で目にする医療や健康についての情報を「どんな方法で検証されているのか」「まともな実験で得られた証拠に支えられているのか」といった点からチェックできるようになるのである。この章では、対照実験の基本的なアイデアや手続きを解説したうえで、応用的・発展的な内容についても触れたいと思う。

1 対照実験の基本

観察だけでは解決できない

『利己的な遺伝子』で知られる進化生物学者のリチャード・ドーキンスは、一般向けの科学啓蒙書もたくさん刊行している。その中の一冊で、ドーキンスは対照実験の基本的なアイデアを次の例を通じて説明している。

いつも繰り返されるパターン――何かのあとに何かが毎回確実に起こること――に気づいたとしても、前のできごとが後のできごとの原因だったことの証明にはならない。ラントン・エイコーン村の教会の時計はいつも、隣のラントン・パーヴァ村の教会の時計よりも少し前に正時を知らせる。でも、ラントン・エイコーン村の時計がラントン・パーヴァ村の時計が鳴る原因なのか？　観察だけではこの疑問を解決できない。繰り返し観察されてもだめだ。

ここでは、常に反復されるパターンから、時計についての因果的説明が仮説として立てられている。「ラントン・エイコーン村の教会の時計が鳴ることが原因で、ラントン・パーヴァ村の教会の時計が鳴るという結果が生じる」のだ、と。この仮説を「A時計→B時計」と簡略化して表すことにしよう。これまでと同様に「→」は因果関係を表す。

この仮説を出発点として、本節では対照実験のポイントを3つ確認していこう。以下の話は「実験」と呼ぶには少し洗練に欠けると思うかもしれないが、人間の基本的な知的活動という第1章で述べた「広い意味での科学」と地続きの営みとしては、その方がわかりやすいだろう。

対照実験のポイント（1）反事実的な状況を作り出す

ドーキンスもいうように、この仮説を検証するには「A時計が鳴ったあとにいつもB時計が鳴る」という関係を観察するだけでは十分ではない。というのも、一般にAとBのふたつのできごとが因果関係で結ばれているなら、単に時間的な順序関係があるだけではなく、「もしAがなかったら、Bは起こらなかったであろう」式の反事実条件文も成立していなければならないからだ（第2章）。ここでは、「もし事実とは異なり、実際にはA時計が鳴らなかったら」という反事実的な条件のもとで「B時計は鳴らなかったであろう」といえるかどうかが問われている。それを確かめることが「A時計→B時計」という仮説の検証となる。

このように、**反事実条件文で述べられる状況を人為的に作り出し、その結果がどうなるかを確かめる**ことが、対照実験の第一のポイントにほかならない。具体的には、A時計を止めることで「もしA時計が鳴らなかったなら」という反事実的な状況をセッティングし、そのうえでB時計にどんな結果が生じるのかを見きわめるのである。原因とは何が起こるかに違いを生み出すもののことであった。

……細かいことをいえば、反事実的な状況を実際に作り出すと、それは単なる事実になってしまうから、本当は「反事実」とは呼べなくなる。反事実的な状況なるものは、文字通りには現実には起こっていないはずだ。そこで「反事実に可能な限り近い現実の状況」などと表現する方が正しいのだけれども、それだと長いので、以下では「反事実的」で押し通してしまおう。

対照実験のポイント（2）ふたつの状況を比較する

対照実験の二番目のポイントは、**ふたつの状況の「比較」を行う**ことである。調べたい条件を与えているグループを**「実験群」**、その条件だけを変えたグループを**「対照群」**と呼ぶ。たとえば「A時計→B時計」という仮説の検証では、A時計が鳴るようにしたのが実験群であり、それが鳴らない反事実的な状況が対照群になる。群（グループ）は集団を意味するが、この例のように中身がひとつでも構わない。

実験群：A時計が鳴る　　――　結果：B時計が鳴る
対照群：A時計が鳴らない　――　結果：B時計は鳴る？　鳴らない？

仮説に合致した条件の実験群と、「もしその条件がなかったなら」という反事実的な状況に対応する対照群を用意し、そのふたつの結果を比較する。それが「対照」という言葉の意味だ。そして、両群の結果に違いが出るかどうかを確かめることで、仮説が検証できる。仮説「A時計→B時計」の検証では、実験群「A時計が鳴る状況」についてはすでにわかっているものとして、対照群「A時計が鳴らない状況」の結果がどうなるかを見ればよい。対照群でもB時計が鳴ることが観察されたら、仮説は支持されないことになる。A時計が鳴っても鳴らなくても、B時計が鳴るという結果に違いは見られないからである。だとすると、B時計はA時計が鳴ることではない別の原因で鳴るはずだ。では、その別の原因とは何なのか。AとBのふたつの時計がいつも決まった順番で鳴るのはどうしてなのか。こうした問いをめぐって、仮説をまた新しく立てなければならない。

ではもしA時計もB時計も鳴らなかったら？　実験群と対照群では、A時計の鳴る・鳴らないという条件しか変えていない。にもかかわらず両群で結果が異なるのだとしたら、変えたその条件こそがB時計が鳴るかどうかを左右しているはずだ。この場合、仮説「A時計→B時計」を裏づける証拠が手に入ったことになる。

——とはいえ、通常そこで話は終わらない。重要なので、この先についても少し触れておくことにしよう。

まず、対照実験に限らず、仮説の検証は一度だけでは不十分である。本当はB時計が鳴っていたのだけれども、聞こえなかったと判断されてしまうこともあるからだ。ちょうど強風が吹いていて音が届かなかった、確証バイアスのような心理的な要因に邪魔された、などなど。あるいは、そのときだけ何かの不都合でB時計が鳴らなかったのかもしれない。だから、実験は一度限りではなく、同じような条件で（とりわけ他の人が）実施してもほぼ同じ結果が繰り返し確かめられることが必要なのだ。このことを**「再現性」**という。

次に、仮説が支持されたら、今度はそのメカニズムを明らかにする、という課題が設定できる。「A時計→B時計」が正しそうなら、さらにその「→」の部分がどうなっているのかに迫るわけだ。B時計には、A時計が鳴るとその音を感知して鳴るような電気的なメカニズムがあるのかもしれない。因果関係だけでなくそのメカニズムも説明できるようになれば、それに伴ってもとの仮説は「理論」と呼べるものへと成長していく（メカニズムや理論についての話の続きは次章以降で扱う）。

対照実験のポイント（3）条件をそろえる——変える条件はひとつだけにする

対照実験は、条件を人為的に整えた状況を用意して比較を行うという意味で、「コントロールされた実験」とか「統制実験」などとも呼ばれる。また「実験」という言い方がふさわしくないときには、「比較観察」や「比較調査」も使われる。実験群にも「処置群」や「介入群」、対照群にも「統制群」などの呼び名がそれぞれあり、何らかの尺度にもとづいて条件が定量化されているときには「変数（パラメータ）」が用いられることも多い。分野や文脈で言葉づかいが異なることに注意しておこう。

村の教会の話が続くと飽きるので例を変えよう。第2章でも言及したパールの『因果推論の科学』には、対照実験に近い手法が現実のビジネスでも積極的に活用されている、という話が出てくる。

環境への介入の結果を予測するには、慎重に条件を管理したうえで実験をしてみるのが最も簡単だろう。フェイスブック［＝現メタ社］のようなビッグデータ企業はそのことをよく知っているので、頻繁に実験をしている。たとえば、操作画面を変えてそれで何が起きるかを見たりしている。顧客に何か刺激（価格の改定などもそれに含まれる）を与えて、どう反応するかを確かめるのだ。

操作画面の変更や価格の改定といった条件のコントロールを行い、その前後での顧客の反応に違いが出るかどうかを調べる――ここが実験群と対照群の比較に対応している。このとき、**実験群と対照群で変える条件はひとつだけにする**のが対照実験の第三のポイントである。いいかえれば「他の条件はそろえておく」のだ。一度に複数の条件が変わってしまったら、結果に違いが生じても、どの条件が原因だったのかが特定できなくなる。変えている条件がひとつだけのときに結果に違いが見られるからこそ、その条件が原因――その条件を変えなかったら結果は変わらなかったろう――として特定できるのだ。

先の引用で「慎重に条件を管理したうえで実験をしてみる」というのは、まさにそうしたことを表している。操作画面の色々な箇所をいっぺんに変えるのではなく、1ヵ所だけを変えて結果を確かめている点で、まさに対照実験の作法に従っているのである。

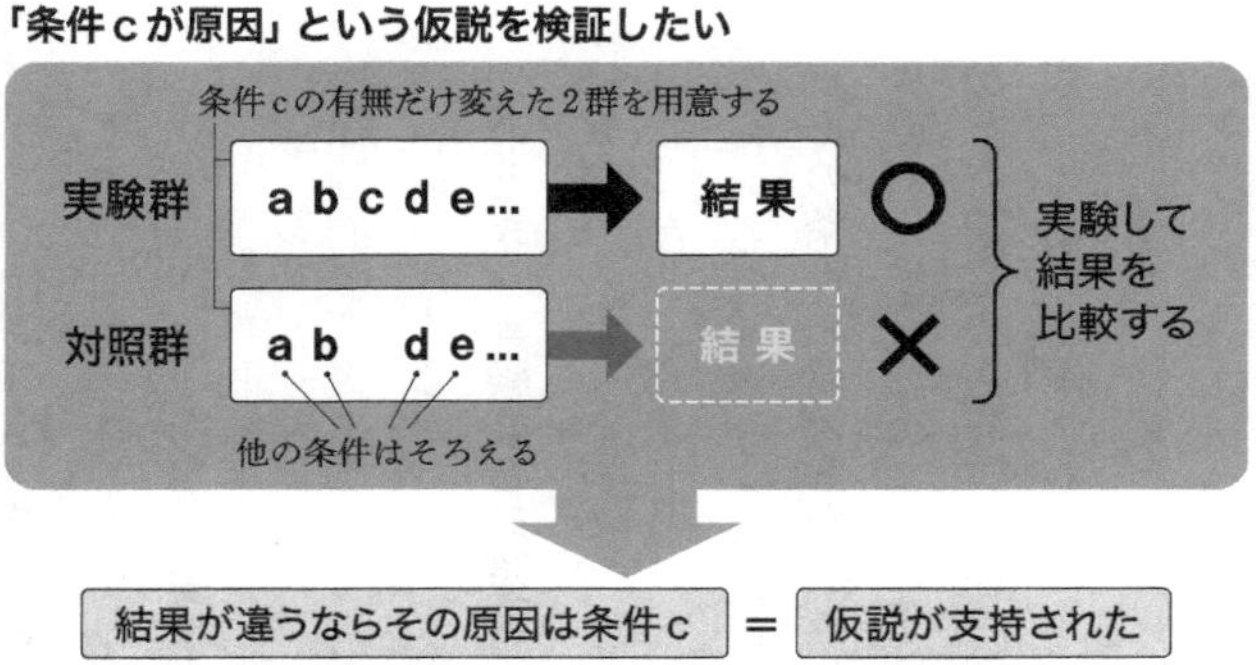

図4-1　対照実験による因果関係についての仮説検証のプロセス

簡単なまとめと確認

以上で、対照実験のポイントを解説し終えた。検証の結果、仮説が支持された、というケースに即して図４－１で整理しておこう。

続いて、対照実験についての理解の確認のために、次の問題に取り組んでもらいたい。

問題　以下の実験の記述を読んで、①と②に答えよ。

酸性雨が大理石に与える影響を調べることにした。そこで、大理石のかけらを一晩中、酢（酸性雨と同程度の弱酸）に浸す実験を行った。それと同時に、大理石を蒸留水にも浸す実験を行った。両者の結果を比較したところ、酢に浸した大理石の質量は減少したのに対し、蒸留水に浸した大理石の質量は変わらなかった。この結果から「酸性雨が原因で大理石が溶ける」という仮説が支持された。

①この実験における実験群と対照群は何か。また、実験群と対照群ではどのような条件が異なっているか。

②対照群で大理石を何にも浸さないのではなく、蒸留水に浸したのはなぜだろうか（そうすることでどんな可能性が排除されているか）。

経済協力開発機構（ＯＥＣＤ）は3年に一度、日本などの先進国の義務教育修了段階の生徒を対象に、ＰＩＳＡと通称される学習到達度調査を実施している。この問題の元ネタは、そこでの科学的リテラシー分野の調査で用いられた問題である。対照実験についての理解は、現代の先進国では不可欠なものとして位置づけられているのだ。

解答・解説を手短に示していこう。①実験群は酢に浸した大理石、対照群は蒸留水に浸した大理石である。ふたつの群は、実験群の液体は酸性だが、対照群の液体は中性という点が異なっている。

②両群ともに大理石を液体に浸すという条件を同じにすることで、大理石の質量減少の

原因がただ単に液体に浸したことであるという可能性が排除されている。液体が酸性であるかどうかだけを変え、あとの条件は液体に浸すことも含めてそろえているのだ。それによってはじめて、酸性の液体の影響だけを純粋に取り出して確かめることができる。そして実際、「酸性雨が原因で大理石が溶ける」という仮説を支持する結果が得られたわけだ。もちろん、この結果に再現性があるところまで示せるとなおよい。何回か実験を重ねて同じ結果が得られれば、仮説を支持する結果がたまたま一度だけ得られたわけではないことの強力な裏づけとなるからである。

2　対照実験の注意点

対照実験を実施する際には、さまざまな点に注意が必要となる。この節では、とくに人間を対象とする実験を念頭に置いてそうした注意点について説明しよう。人を扱う実験を行うには、何よりもまず、倫理審査委員会などの組織から許可を得る手続きを踏むのが現代では一般的になっているが、それに加えて、仮説の検証方法としての信頼性に関わる以下の点にも気をつけなければならない。

注意点（1）プラシーボ効果を考慮しているか？

はじめに、**「プラシーボ効果」**に注意しなければならない。「プラシーボ（プラセボ）」は「偽薬」を意味する言葉である。錠剤の形に固めた砂糖や単なる食塩水など、本当は薬効のない偽物でも、実際にある程度の効果が出てしまう、というのがプラシーボ効果だ。そのメカニズムはいまだに解明されていないが、自分は薬を処方してもらっている、治療を施されている、などと思うことで、本物の薬や治療法ではないのに、ちょっとした効果が現れてしまう。

例として「エスドリンクには快眠の効果がある」という仮説を検証することを考えよう（エスドリンクは架空の飲み物である）。ここでは「快眠」には操作的定義が与えられていて、快眠の効果も定量的に測定できるものとする。エスドリンクを飲んだあとに快眠できた——この時間的な順序関係が観察されただけでは、因果関係までは認められない。快眠は、エスドリンクのおかげではなく、おいしい晩ご飯をたくさん食べたせいかもしれないからだ。そうした他の可能性を排除するために、条件をそろえて対照実験を行う必要がある。

このとき問題になるのが、プラシーボ効果の存在だ。エスドリンクによる快眠効果が、単なるプラシーボ効果ではなく、それを上回る本物の効果であることを確かめなければならない。対照実験は、プラシーボ効果の影響も織り込んで行う必要がある。

具体的な手順はこうだ。まずは、実験群の参加者にはエスドリンクを飲んでもらう。対照群には、味や量やカロリーなどはエスドリンクに似せた何らかの液体（これが偽薬である）を飲んでもらう。次いで、この2群の睡眠に相違が生じるかどうかを比較する。こうすれば、プラシーボ効果の影響を差し引いた、純粋にエスドリンクの快眠効果だけを取り出して調べることができるのだ。ただし実際には、参加者の運動や食事の習慣などの快眠に影響が出そうな条件も、できる限りそろえるのが望ましい。

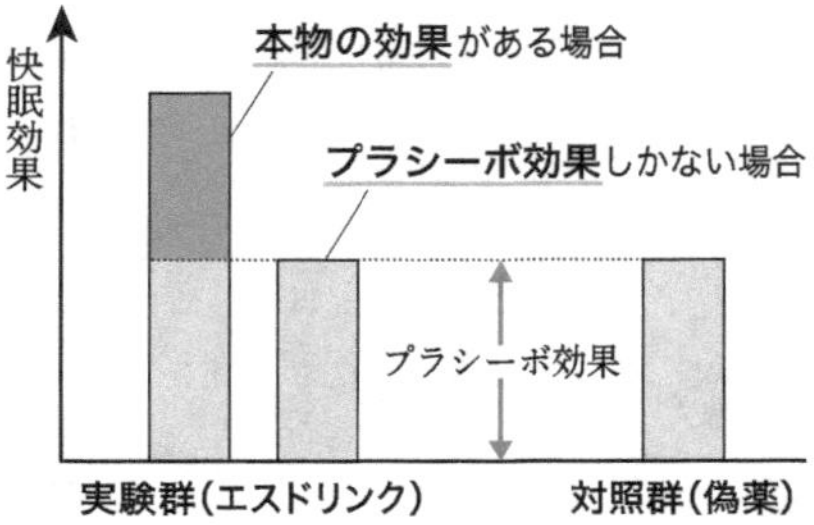

図4-2　対照実験でみるプラシーボ効果

もし実験群の快眠効果が対照群を上回れば、エスドリンクには本当に効き目があるといえる。同程度なら、エスドリンクにはせいぜいプラシーボ効果しかないことになる。図4−2のようにその違いは明白だろう。本物の効果がある場合、プラシーボ効果を差し引いた濃い色の部分が、エスドリンク単独の効果というわけだ。

現代の医学・薬学の研究では、さらに「二重盲検法（ダブルブラインド）」という手法を使って信頼性を高めようとする。これは、実験の参加者に与えられるのが本物と偽薬のどちらなのかを、参加者はもちろん、実験を行う研究者の側もその場ではわからないように（＝ブラインドに）する手続きのことをいう。本物と偽薬をそれぞれどちらの群に与えているかを実験者が知っていると、図らずも実験群と対照群で違う接し方をしてしまうかもしれない。すると、参加者もそれとなく違いを察知してしまい、実験結果に影響しかねない。二重盲検法はこの懸念を軽減するために用いられるのだ。

——日常に活かせる教訓を引き出しておこう。何かの広告で、有名人が商品の効能を個人的なエピソードと絡めて印象深く語ると、それに本物の効果があると思ってしまうかもしれない。けれども、プラシーボ効果の存在を知り、それに対して対照実験ではどんな手立てが講じられるのかを知れば、「これがよく効くんですよ」という証言や口コミだけでは、証拠としてはあまりにも頼りないことが理解できるはずだ。

注意点（2）サンプルに偏りはないか？

第二に扱うのは、**「サンプルの偏り」**である。これは、どんな研究の実験・観察・調査でも注意が求められる点だ。対照実験でも、参加者を集めるときに、このサンプルの偏りに十分に気をつけなければならない。

人間を相手にする研究の場合、そこでいう「人間」の範囲が問題となる。人間について知りたくても、全人類を調べようとするのはまったく現実的ではない。そこで、大きな集団から、一部の人たちを適当に選び出して調べることになる。もとの調べたい集団を「母集団」、その中から選び出された人たちを「サンプル（標本）」と呼ぶ。サンプルを調べた結果にもとづいて、もとの母集団についての事実に迫ろうとするわけだ。

ところが、**母集団と違って、そのサンプルにだけ共通して見られるような性質や傾向がある**と困った事態が起こってしまう。それが「サンプルが偏っている」ということだ。シンプルな問題でそのイメージをつかんでもらおう。

> **問題** 日本でどんなジャンルの音楽が好まれているかを調べるために、ロックフェスの来場者を対象にアンケートを実施した。どんな結果が見込まれるだろうか？

もちろん「ロックが好き」という回答が多くなるだろう。ロックフェスに来ている人たちがサンプルなのだから、普通よりもロックが好きな人が集まっているのは当然である（図4－3）。これは、ある場所に限定して調査を実施しているせいで、対象として選び出されている集団（つまりサンプル）に偏りが生じているケースだ。もちろん、このサンプルでは、日本で好まれている音楽のジャンルを調べるという当初の目的には適さない。

似たようなサンプルの偏りは「最近おみくじを引いたかを初詣に来ている人たちに尋ねる」「SNSのアンケート機能を使ってSNSの利用頻度についての調査を行う」といったやり方でも起こるだろう。どちらのサンプルも、本来調べたい母集団の状態をあまり反映しないと予想される。

サンプルの偏り：特定の性質や傾向のある集団を選び出してしまう

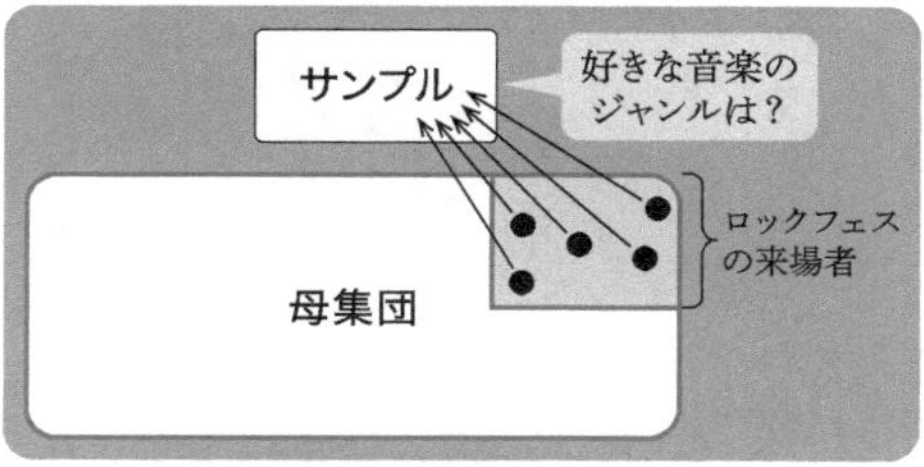

図4-3　母集団の状態を反映しないサンプル

では、次の問題はどうだろうか。

> **問題**　以下の①と②のうち、生じる可能性が高いのはどちらの状況だろうか？
>
> ①ある飲み会に参加した4人の血液型がみんなAB型
>
> ②あるロックフェスに参加した4万人の血液型がみんなAB型

正解は①だが、ポイントはサンプルの「サイズ」である。サンプル内の人数が少ない、つまり**サンプルのサイズが小さいほど、偶然によるサンプルの偏りが生じやすくなる**のだ。少人数のグループには、たまたま全員に何らかの共通点が見つかる可能性が高い。①のようにサンプルの中身が4人だけなら、みんながAB型でもおかしくない。だが、そこからサンプルのサイズを大きくしていくと、②のように全員がAB型という状況はまずありえなくなる。母集団における分布（日本なら約10パーセント）の近くに落ち着くはずだ。

ここまで、サンプルの偏りとは何であり、偏ったサンプルにもとづく調査にはどんな問題があるのかを確認した。その対処法については次節で詳しく扱うことにしよう。その前に、

俺はずっとこういうやり方でやってきて、この厳しい業界でうまく生き延びてきた。だから、他の奴らも、成功したけりゃ俺のやり方を見習うべきなんだ。

——という架空の主張のどこがまずいのかを考えてみよう。

こうした語り口はときおり耳にするけれども、何よりもまず、サンプルが本人一人だけなのが圧倒的に問題である。サンプルの著しい偏りが危惧されるのだ。成功の大部分は偶然によるものかもしれず、本当に「俺のやり方」のおかげなのかは明らかではない。実際

には、同じようなやり方をしたのにうまくいかなかった人たちも大勢いたのではないか？　そこでこの主張をきちんと検証するには、実験群と対照群を比較する必要があって……というふうに考えを進めていければ、ここまでの内容の理解として申し分ないレベルに達している。余力のある読者は、第1章で出てきたベーコンの難破船の逸話についても、対照実験の観点から再検討を加えてみてもらいたい。

注意点（3）実験群と対照群は偏りなく分けられているか？

最後に、集めたサンプルを実験群と対照群に振り分ける場面についても、注意すべき点が残っている。グループをどう割り当てるか次第では、そこにある種の偏りが気づかれないまま生じてしまう可能性があるのだ。

「新聞を毎朝読む習慣が記憶力などの認知機能を向上させる」という仮説の検証を例に説明しよう。そうした習慣のない人たちをサンプルとして集める。その中からさらに希望者を募って実験群に割り当て、新聞を毎朝読んでもらう。対照群は残りの人たちから作ることにする。さて、この分け方のよくないところはどこだろう？

もともと文章を読むのが苦にならない人たちばかりが実験群に集まっている、という可能性が無視できない。実験群にそうした偏りがあると、調べたい条件とは別の点でも対照群とは違うことになる。しかもその相違は、認知機能の向上の度合いにも影響を及ぼしかねない種類のものだ。これではきちんとした対照実験にはならない。

ここで懸念されているのは、**「自己選択バイアス」**と呼ばれる問題である。実験群は、新聞を読むかどうかを「自己選択」したという点で偏っている。自己選択バイアスは、認知バイアスではないが、グループの偏りという意味で「バイアス」である。この自己選択バイアスのせいで、新聞を毎朝読む習慣の効果だけを純粋に取り出せるかが疑わしくなっているのだ。対照実験でサンプルを実験群と対照群に割り当てるときには、グループに偏りを生み出す要因がないかを慎重に見きわめなければならない。

3 「ランダム」の活用

前節では対照実験の注意点を3つ挙げ、そのうちのプラシーボ効果については対処法まで解説した。残りの2点にはどんな手立てが講じられるか。この節では引き続き人間を対象とするケースを念頭に置いてそれを説明しよう。共通するのは「ランダム」の活用だ。

ランダムサンプリング（無作為抽出）

まず、サンプルの偏りに対しては、**「ランダムサンプリング」**が使われる。母集団からサンプルを作るとき、誰かが特別に選ばれやすいということのないように、一人ひとりが等しい確率で――つまり「ランダム」に――選ばれるようにするのだ（図4－4）。

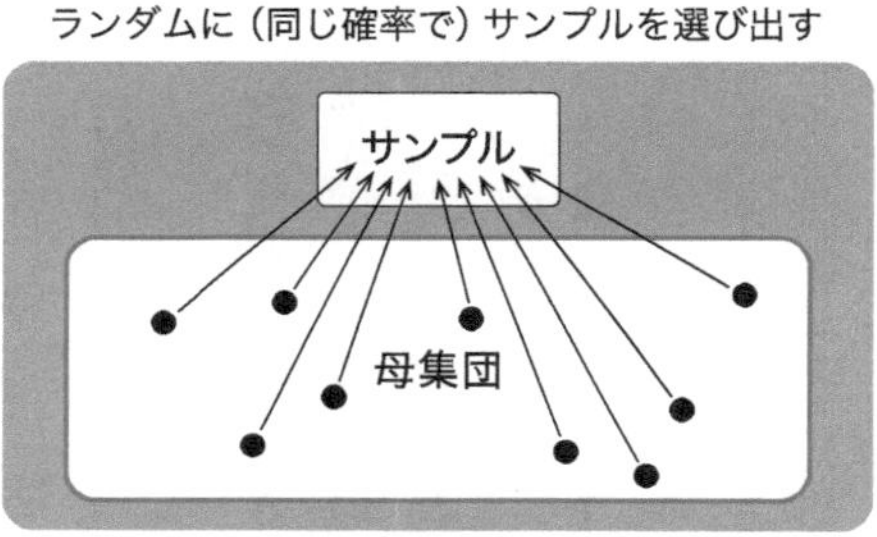

図4-4　ランダムサンプリング

この方法は「無作為抽出」とも呼ばれる。特定の性質や傾向をもつ人を選んでやろうと作為することなく抜き出す、といった意味である。日本で好まれている音楽のジャンルを調べるために、ロックフェスの来場者に好きな音楽を訊く――このやり方がまずいのは、母集団の中のごく一部にすぎない人たちを特別に選んでいるせいで、サンプルの偏りを発生させてしまうからだ。ランダムサンプリングをすれば、そうした事態を避けることができる。

サンプルが母集団の状態をよく反映していることを、統計学では「代表性が高い」などという。ランダムサンプリングで代表性の高いサンプルを得るには、サンプルのサイズは十分に大きくする必要がある（実験や調査の回数を増やしてもよい)。

そんなわけで、人間を相手にした研究では、なるべく多くの人数を無作為に選び出してサンプルを作るのが望ましい。そうすれば、サンプルの中には多様な人たちが含まれるようになる。身長、体重、年齢、性別、運動習慣、健康状態、基礎疾患、学歴、職業、収入、家族構成、居住地域、支持政党……などの点で異なる人たちがたくさん集まったサンプルができるのだ。すると、一人ひとりのそうした違いに起因する影響が全体としては「ならされる」ことで、そのサンプルはもとの母集団の状態に似てくるだろう。つまり、サンプルの代表性が高まることが期待できるのである。

これに対し、たとえランダムサンプリングをしていても、肝心の中身が少なければ代表性は低くなりがちである。会社員の昼食の傾向について知りたいときに、無作為抽出で3人集めただけでは頼りない。たまたまその3人は全員が昼食に毎日プロテインジュースしか飲まないかもしれない。そんな偏ったサンプルでは母集団を代表してくれない。

それでは、代表性の高いサンプルを得るには、どのくらいの人数なら十分なのか。サンプルはどうしたって母集団そのものではないし、いくら大勢の人間をランダムに集めたところで、そのサンプルにも何らかの偶然による偏りが生じる可能性は否定できない。

幸いこうした問題にも対応できるのが現代の科学の強みだ。標準的な手法では、100

万人の母集団について知りたかったら384人いればよい。このとき、あわせて誤差なども数値で評価する。数学の使用や定量化という「狭い意味での科学」の特徴は、ここにもはっきりと見出すことができるのである。なお、ランダムサンプリングにも種類があり、目的に応じて使い分けられる。ここまで見てきたのは「単純無作為抽出」と呼ばれるやり方だ。こうした点についての詳しい解説は、統計やデータ分析を扱った書籍などにあたってほしい。

——ここまでの内容を踏まえて、次の問題に取り組んでもらいたい。

問題　**以下の調査の問題点をいくつか指摘せよ。**

日本人のメンタルの状態を調査するために、電話アンケートを実施することにした。「ここ2～3日で憂鬱になりましたか？」と質問をするのである。調査には、コンピュータでランダムに生成された電話番号を用いる。ただし、平日では対応してくれる人が少なくなる可能性を考慮して、日曜日の午後4時から午後8時の間に電話をかけることにした。

30人に電話をかけ、14人から回答が得られた。そのうち質問に「はい」と答えたのは8人であった。ここから、日本人の6割程度が、2〜3日という期間のうち一度は憂鬱になる、と考えられる。

この調査の明らかな問題点は、サンプルのサイズが小さいことである。日本人というかなり大規模な母集団に対して、14人は決して十分な人数とはいえない。得られたサンプルの代表性には疑問が残るのだ。

さらに、次の問題も指摘できるだろう。その時点で気分が深く沈んでいる人は、いきなりかかってきた電話にはそもそも出たがらないのではないか。回答率が30人中14人と半分以下なので、わざわざ電話に出てくれた人たちだけで作ったサンプルには、何らかの偏りがあってもおかしくない。つまり、自己選択バイアスに類した影響が考えられるのだ。この点だけでもきちんとしたランダムサンプリングとはいいがたい。

そして、確かに電話番号はランダムに生成されてはいるけれども、電話をかけるタイミングにも問題がありそうだ。日曜日の夕方から夜は、翌日からの学校や仕事を控えて、気分が落ち込んでいる人が少なくない。ちょうど「サザエさん」のエンディング曲を聴いて「そろそろ日曜も終わっちゃうのか」と滅入ってくる頃合いかもしれない。それもまたサンプルの偏りを生み、結果として質問に「はい」と答える人を増やしかねない。ひょっとすると電話がかかってくること自体がメンタルを悪化させるのではないか、といった懸念も挙げられるが、そろそろこのあたりで問題点の指摘を切り上げてしまってよいだろう。

コラム8 どんな分布なのかも気にしよう

本文中で「代表性の高いサンプル」という表現が出てきたときに「要するに母集団の平均的な姿のことだろう」と思った読者もいるかもしれない。つまり「平均値」を考えればいいんでしょう、と。しかし、残念ながらそれは必ずしも正しくない。代表性が平均値で捉えられるかは「分布」次第だからである。

もちろん、平均値の使用が適しているケースも少なくない。身長や体重、大人数が参加するテストの成績などの分布がその例であり、いわゆる「正規分布」に対応する。正規分布のグラフを描くと、よく「釣り鐘型」と表現される左右対称をしたきれいな山型になり（図4－5）、平均値と中央値と最頻値が一致する（中央値と最頻値はあとで説明する）。この分布なら平均値が母集団の姿をよく捉えているといって差し支えない。

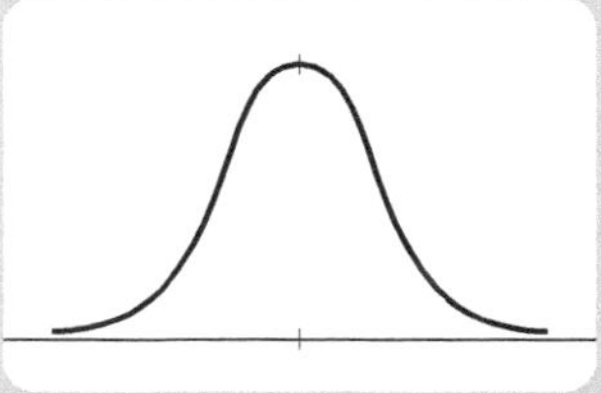

図4-5　正規分布のグラフ

——しかし、次の例はどうだろうか。図4－6は、2023年の日本における勤労者世帯（二人以上）の貯蓄現在高の分布を示したグラフである。

グラフからわかるように、平均値は1474万円だが、そのほかにも「中央値895万円」（貯蓄ゼロの世帯を入れると836万円）、「最頻値100万円未満」と記されているのを確認してほしい。中央値とは、貯蓄額の少ない順に並べていくとちょうど真ん中になる値のことである。おおまかには「99人中の50番目の人」が中央値のイメージだ。最頻値とは、グラフでは上端の最も高くなっているところで、文字通り最も出現頻度が大きい値をいう。貯蓄現在高の場合、100万円未満の世帯が最も多いわけだ。

平均値の1474万円は、中央値の895万円と比べるとかなりの差がある。まして最頻値の100万円未満ともなると、平均値との隔たりは著しく大きい。それはひとえに、グラフの上側ばかりが大きく盛り上がっている、いびつな分布のせいである。こうした非対称の分布の場合、母集団の姿をよく捉えるのに平均値はあまりふさわしくなく、中央値や最頻値を使うのが適切であることがわかるだろう。

このグラフのような分布は「べき分布」と呼ばれる。べき分布は、貯蓄現在高をはじめとする経済的なことがらだけでなく、地震の大きさと発生頻度、星の数と等級（明るさ）、本の点数と売上部数、戦争の発生頻度と死者数など、自然や社会におけるさまざまな事象

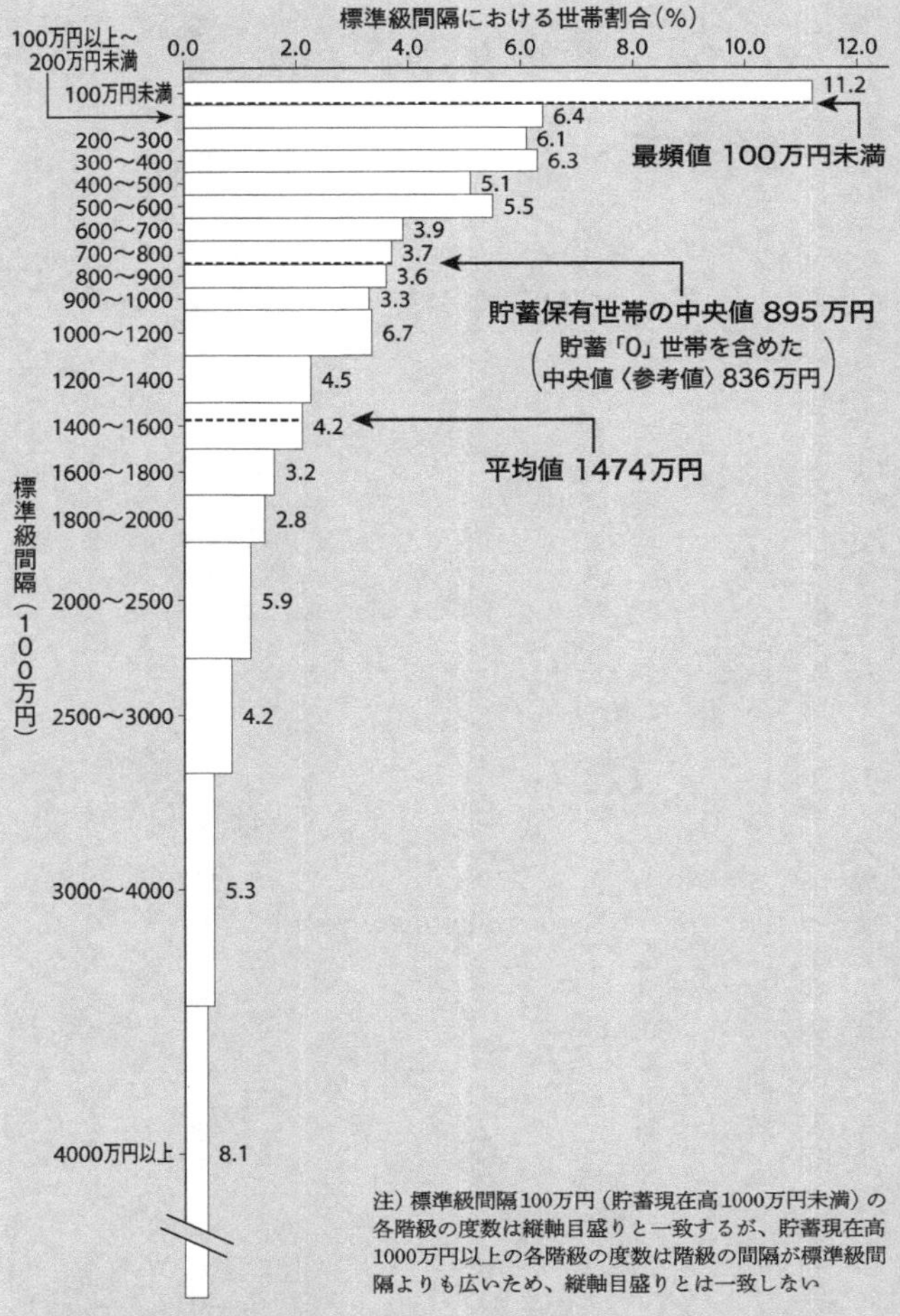

注）標準級間隔100万円（貯蓄現在高1000万円未満）の各階級の度数は縦軸目盛りと一致するが、貯蓄現在高1000万円以上の各階級の度数は階級の間隔が標準級間隔よりも広いため、縦軸目盛りとは一致しない

図4-6　勤労者世帯（二人以上）の貯蓄現在高の分布（2023年）

（総務省統計局の家計調査報告より）

に見出される。

今回の教訓は「どんな分布なのかも気にしよう」とまとめられる。むしろいつも分布を気にしてしまう、というのが科学の訓練を受けた人の「あるある」かもしれないが、ともかく世の中には、本当は母集団の実態を反映していない平均値を示すことで人の思考を誘導しようとする悪意ある主張もしばしば見受けられる。ここでの教訓は、そうしたある種の「数字のトリック」を見抜くのにも役立つはずだ。

ランダム化対照実験

集めたサンプルを実験群と対照群に割り当てる段階へと進もう。このときよく使われるのが、**「ランダム化」**という手続きだ。サンプルを2群に分けるとき、どの参加者がどちらのグループに選ばれるかを無作為に決めるのである。これによって、自己選択バイアスなどの影響も避けられるし、対照実験につきものの以下のような課題にも有効に対処できるようになる。

対照実験のポイントのひとつは、調べたい条件以外の条件はふたつの群で同じにすることだった。けれども、大理石と酸性の液体を扱うケースならともかく、人間の参加者の条件を人為的にそろえるのは簡単ではない。エスドリンクの快眠効果について検証したくても、年齢、性別、身長、体重、健康状態、睡眠や食事の仕方、運動の習慣……などなど、そろえるべき条件はたくさんある。ところが、同じにする条件を増やせば増やすほど、そのすべてに当てはまる人の数は減っていく。すると、それにつれてサンプルのサイズは自ずと小さくなるので、今度は偶然による偏りを懸念しなければならなくなる。

さらに、条件をそろえるといっても、まだ発見されていない条件が存在する可能性も否定できない。エスドリンクには、特定の遺伝子の持ち主にだけ現れる未知の効果があるかもしれない。この条件を実験群と対照群で同じにするのはとても難しい。

そこでランダム化の出番である。中心となるアイデアは、先に見たランダムサンプリングと変わらない。十分に大きなサイズのサンプルを用意し、その中の誰を実験群と対照群に割り当てるのかをランダムに決めていく。そして、各群に含まれる人数が一定以上になると、調べたい条件以外の条件の影響が打ち消し合うようになるのだ。そうした影響の出方が統計学的に扱える範囲で無害化される、といってもよい。

このように、ランダム化には条件をそろえるのと同じ効果が期待できるのである。その意味で、ランダム化も実験をコントロールする手立てのひとつにほかならない。自己選択バイアスや未知の条件にまつわる懸念も、このやり方を使えば自動的に取り除かれる。ランダム化という手続きの際立った有効性はここにある。

ランダム化は「無作為割り当て」とも呼ばれ、この手続きを組み込んだ対照実験のことを**「ランダム化対照実験」**という。「ランダム化比較試験」やその原語である"Randomized Controlled Trial"を略した「RCT」も使われる。ただし、現実の実験にはそのつどの状況に応じたバリエーションが伴うものであり、影響の大きな条件については人為的にそろえながら、他の条件はランダム化する、といった組み合わせ方も少なくない。

ランダム化対照実験は、その信頼性の高さから、現代の科学研究における仮説検証の標準的な方法となっている。それが提供してくれる証拠のレベルは、単一の散発的なエピソードや偶発的な観察をはるかに超えているのだ。「これが証拠ですよ」と何かを示されたとき、たとえ自分ではそうした実験を行う機会がなくても、ぜひとも読者には「それはどんな検証方法によって得られたのか？」という点に意識を向けるようにしてもらいたい（なお、疫学ないし公衆衛生学では、ここまで解説してきた手法に準じるものとして、症例対照研究やコホート研究といった方法も発達しているが、本書で扱うレベルを超えるので割愛する）。

4 自然実験

偶然に発生する人為的ではない実験

ここまで見てきたように、対照実験の基礎には、反事実的な状況との比較により因果関係を見きわめる、というアイデアがある。この考えは、厳密な意味での対照実験を超えて応用することができる。そのひとつが**「自然実験」**である。

対照実験がもともと意図されていたわけではないけれども、それが実施された場合と同じような状況が、何かの偶然によって発生することがある。そうした事態を人為的ではない――つまり「自然」による――実験が行われたものとして捉えれば、特定の条件がもたらす影響について調べることができる。これが自然実験の発想だ。

対象とする集団の規模が大きすぎる、調べるのに要する期間が長すぎる、実施そのものに倫理的な懸念がある……といった理由から通常の対照実験が行えないとき、自然実験が威力を発揮する。そうした場合でも、何かのきっかけで反事実的な状況がたまたま設定されれば、調べたい条件を与えている状況と比較することが可能になるからである。具体的なケースをふたつ見ていこう。

ケース(1)悪天候と投票率

政治学者の松林哲也は「選挙当日の悪天候は投票率を低下させるのか」という疑問を自

然実験の手法で検討している。台風が投票率に与えた影響を、2017年の衆議院議員選挙における全国約2000の市区町村のデータを用いて見きわめよう、というのだ。
選挙日の前日と当日にかけて日本列島に襲来した台風21号は、広い範囲で豪雨と暴風をもたらした。松林によれば——

台風21号による降雨量の地域差は、人間のコントロールの及ばない自然のメカニズムによって決まったと考えていいだろう。台風が投票日に暴風雨をもたらすことは誰にとってもほぼ予測不可能であり、またどの地域に、より大きな影響をもたらすかもほぼ偶然に決まっている。その意味で、台風21号による選挙当日の降雨量は、ほぼ偶然に日本全国の各地域に割り当てられたとみなすことができ、典型的な自然実験であるといっていい。

検証の結果、確かに「雨が強くなると投票率が下がる」という仮説が支持されたという。答えそのものは常識的に感じるかもしれないが、それを感覚的にではなく他の人間にも共有できるように示すのは、さほど容易なことではない。これは、政治学という分野でも定量化と実験的な手法の使用が進んでいるという好例でもある。松林の『政治学と因果推論』

には、この例のほかにも、要人暗殺が国の行方にどう影響するかを自然実験で調べるといった研究も紹介されている。興味をもった読者には一読を勧めたい。

ケース(2)ワクチンと麻疹の発生頻度

ＭＭＲワクチン（新三種混合ワクチン）は、麻疹・おたふく風邪・風疹への感染を予防するために、世界中で使用されているワクチンである。通常、２歳になる前の子供に接種される。１９９０年代の英国では、約92パーセントの幼児がこのワクチンの接種を受けていた。

ところが、１９９８年にワクチン接種と自閉症の発症との間に相関関係があるとするレポートが医学誌に発表されると、多くの親たちの間に不安が広がった。それにより、１９９９年から２００９年の接種率は、およそ88パーセントを下回る水準になった。２００４年が最低水準で、80パーセント以下まで低下した。自閉症は、現在では一般に「自閉スペクトラム症」と呼ばれるものである。

その後、このレポートは撤回されて、ＭＭＲワクチンの接種率も徐々に回復してきた。しかし、レポートの与えた影響は大きく、自閉症の発症と結びつけた反ワクチン論がいまでもくすぶり続けている。撤回されたレポートが、依然としてまともな証拠として扱われていたりするのだ（確証バイアスを疑ってしかるべき状況である）。

反ワクチン論はともかくとして、以上は自然実験が行われた状況として捉えることができる。接種率92パーセントの'90年代の10年間を実験群、1999年からの接種率88パーセント以下の10年間を対照群として設定する。そして、両群の麻疹の発生頻度を比較して違いがあるかを調べる。そうすれば、MMRワクチンが麻疹の感染状況に与える影響がそれなりにわかるのだ。実際、接種率の低下にしたがって麻疹の発生頻度は増加するという。もちろん、ワクチン接種以外にも、気候や人口動態などの他の条件が絡んでいる可能性には気をつけなければならない。だがそれでもこの例では、自然実験のおかげでワクチンの効果について有益な知見が得られている、といえるだろう。

自然実験とその先

2021年のノーベル経済学賞は、デイヴィッド・カードらに与えられた。これは、自然実験を経済学の方法として確立した功績に対してだった。カードらは、ベトナム戦争への従軍経験が退役後の所得に及ぼす影響や、移民の流入が賃金や雇用にどんな変化を与えるかを、自然実験によって調べる研究を実施していたのである。

ノーベル経済学賞の効果もあって、自然実験は近年大きな脚光を浴びている。自然実験で得られた知見を感染症対策や経済政策に役立てることの社会的な意義もとても大きい。

今後はさらに幅広い領域で自然実験が行われるだろう。それはまさに、この世界の中の因果関係をあの手この手で捉えて、それをもとに予測や現象の制御、そして技術への応用を試みよう、という科学的な発想の広がりを示すものにほかならない。

もっとも、何をどんな状況で相手にするかによっては、対照実験や自然実験の手法が使えないかもしれない。そんなときでも打つ手はある。データを収集し、それをコンピュータで統計的に分析することで、どんな条件がどのくらいの影響を及ぼすかを明らかにする、といったやり方がそうだ。ただし、その詳細もまた本書の守備範囲を超えるので、統計学やデータ分析を主題とした書籍などを参考にしてもらいたい。

5　実験という活動の奥深さ

公的な検証が可能になる

現代の洗練された実験の特徴を確認しておきたい。それは、数学が使用されること、そして技術と結びついていることであり、ともに科学革命以降の「狭い意味での科学」を特徴づけるものである（第1章）。

数学を用いた定量的な表現と手を携えて、高度な技術をベースにした精密な装置や分析ツールが使われる。そうして、個人ごとのまちまちな印象や感覚に頼るのではない、公的な検証が可能になる。他の人が別の機会に同様のやり方で実験を繰り返しても、同じ数値が得られるのかが確かめられるようになるのだ。もし数値まで一致するのであれば、単なる偶然である可能性はきわめて低い。このレベルでの再現性は、非常に強力な証拠として仮説を裏づけてくれるものだ。

この節では、実験という活動そのものにもう少し光を当ててみよう。本章では、対照実験をメインに、仮説の検証を目的とする実験（あるいは観察や調査）ばかりを取り上げてきた。そのせいで、こんな印象を与えてしまったかもしれない。実験とは、仮説という主人に奉仕する、もっぱら従属的な役割を担うものである、と。だがそれは、実験という活動の姿を正しく捉えたものではない。

一例として、『ロウソクの科学』の著者として有名なマイケル・ファラデーの実験を見てみよう。

１８２０年の夏の終わり、電流の磁気が電線に何らかの仕方で働いて電線を回転させる、という報告を聞いたファラデーは、さっそく実験にとりかかった。その報告が何を意味し、そこから何が導かれるのかを明らかにすることを目指したこの作業は、3ヵ月ほど続き、最終的には原始的なモーターに相当する装置を生み出すに至った（図4－7）。すなわち、ファラデーはこの実験で、モーターという物理現象の発見とその安定的な発生方法の確立を成し遂げたのである。

この実験は何らかの仮説を検証したものではない。けれども、後の世で電動モーターが果たすようになる大きな役割を考えれば、それが画期的な成果だったのは疑いないことだ。

このように、直接的には仮説検証にタッチしない実験の例は、歴史的にも決して珍しいものではない。トーマス・エジソンの逸話は有名だろう。エジソンは、白熱電球に適したフィラメントを求めて、さまざまな素材を実験で試し続け、ついに日本の竹に行き着いたのである。

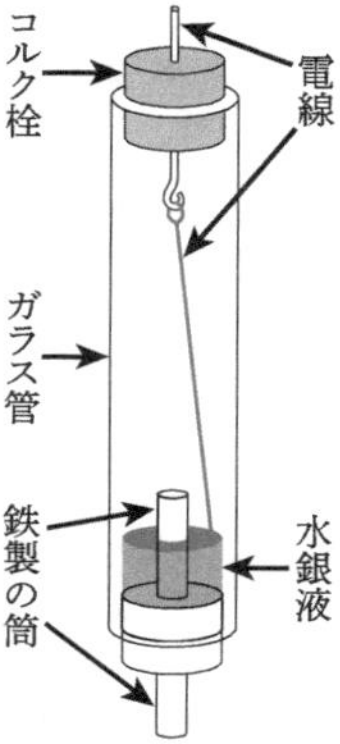

図4-7　ファラデーの装置

（A・F・チャルマーズ『改訂新版 科学論の展開』を元に作成）※上下の端を電池につなぐと、ガラス管内部の吊り下げられた電線の下端は、鉄製の筒の周りを回転する。100円ショップでも子供向け科学キットとして同じ原理のものが売られていたりする

20世紀初頭の超伝導の発見もその例だ。金属を液体ヘリウムでとにかく冷却していったところ、ある温度以下では急

に電気抵抗がほぼゼロになる現象が見出されたのだ（ただしそこからメカニズムの解明に至るのに約50年かかっている）。

あるいは、実験というより観察の部類だが、ガリレオが望遠鏡を空に向けて、月のクレーターや金星の満ち欠けや木星の衛星を見つけたときは？　似たケースだが、フックが顕微鏡でコルクを観察して細胞壁を目にした場面は？　どちらも、何らかの仮説を検証しようと試みた活動ではない。けれども、当時の最先端テクノロジーを使いながら、科学が大きく前進するきっかけを作ったのである。

実験の自律性

というわけで、実験という活動には、仮説やその検証とは少し離れた独自の——しばしば「検証型」と対比される「探索型」の——営みが見られる。もちろんそこからあらためて仮説の形成に向かってもよいのだが、さしあたり仮説とは独立に、未知の現象を発見したり、その発生方法の確立が試みられたりするわけだ。既知の現象や効果であっても、新しいツールが利用できれば、従来にないレベルでの精密な測定やデータ収集を行うこともできる。

「実験活動はそれ自身の生活をもっている」。これは、実験のそうした自律性を表すために、科学哲学者のイアン・ハッキングが述べた言葉である。「生活(life)」は「生命」と訳してもよいかもしれないと筆者は思っているが、いずれにせよこの点は、狭義の実験だけでなく、観察や調査についても成り立つものだ。本章で主に扱った対照実験は、信頼性の高い強力な仮説検証の方法ではあるけれども、一般に実験や観察や調査という活動は、それにとどまらない奥深さを備えていることも伝えておきたい——それが本章で最後にこのトピックを取り上げた理由である。

◎第4章のまとめ

●適切に計画・管理された対照実験は、信頼性の高い強力な仮説検証の方法である。調べたい条件を与えた実験群と、その条件だけを変えた対照群(これが反事実的な状況に対応する)を用意し、結果に違いが出るかどうかを比べることで、原因が特定できる。

●人間を対象にした対照実験を行う際、以下の点にとくに注意しなければならない。プラシーボ効果を考慮しているか? サンプルに偏りはないか? 実験群と対照群は偏りなく割り当てられているか(とりわけ自己選択バイアスは生じていないか)?

●サンプルの偏りは、ランダムサンプリングによって、また実験群と対照群の割り当ての偏りは、ランダム化という手続きを用いることで、それぞれ対処できる。ランダム化対照実験は、現代では因果関係を捉えるための標準的な方法となっており、その理解は科学的思考にとっても不可欠だ。

- 対照実験の発想をベースにした自然実験という方法も注目を浴びている。そのポイントは、偶然のきっかけによって利用できるようになった反事実的な状況との比較だ。
- 仮説の検証だけが、実験や観察、調査の機能ではない。新たな現象の発見やその発生方法の確立などの役割も担う点で「実験活動はそれ自身の生活をもっている」のである。

コラム9 思考実験とモデル

「実験」と呼ばれる活動には、頭の中だけで実験を行う「思考実験」もある。紙と鉛筆を使ってもよいが、通常の実験では用いられる器具や測定装置に頼らずに、「もしこういう状況だったら」という想定のもとで何が起こるのかを、思考によって確かめようとするのだ。

科学史では、ガリレオの思考実験が有名である。それ以前は、落体の速度がその重さによって決まる、という見方が支配的だった。重い物体は軽い物体よりも速く落下する、と考えられていたのである。それが正しくないことを、ガリレオはおおよそ次のような思考実験で示した。

ガリレオ以前の見方によると、重い物体Aと軽い物体Bを同時に落下させたとき、AはBよりも速く落下する（図4-8左）。それにしたがうなら、AとBを紐でつないで落下させると、AはBに引っ張られながら落ちるので、全体としては、AとBがそれぞれ単独で落下するときの中間的な速度で落下するはずだ（図4-8中央）。

しかし、紐の長さがゼロになるまでAとBを近づけて、ふたつを一体化させたらどうなるだろう？　その物体の重さはAとBを足し合わせた重さになるので、今度はAだけのときよりも速く落下するはずだ（図4-8右）。

だがこれはおかしい。だから、もとの見方は間違っている。落体の速度は重さによっては変わらないのである。

この鮮やかな思考実験が、どんな舞台設定のもとで繰り広げられているかに注目してほしい。その極限まで切り詰められたシンプルさは際立っている。考慮されているのは、AとBの重さの違いと、そのふたつが紐で連結されているか一体化されているかのみである。物体の素材や大きさ、色などの詳細はすべて捨てられているのだ。

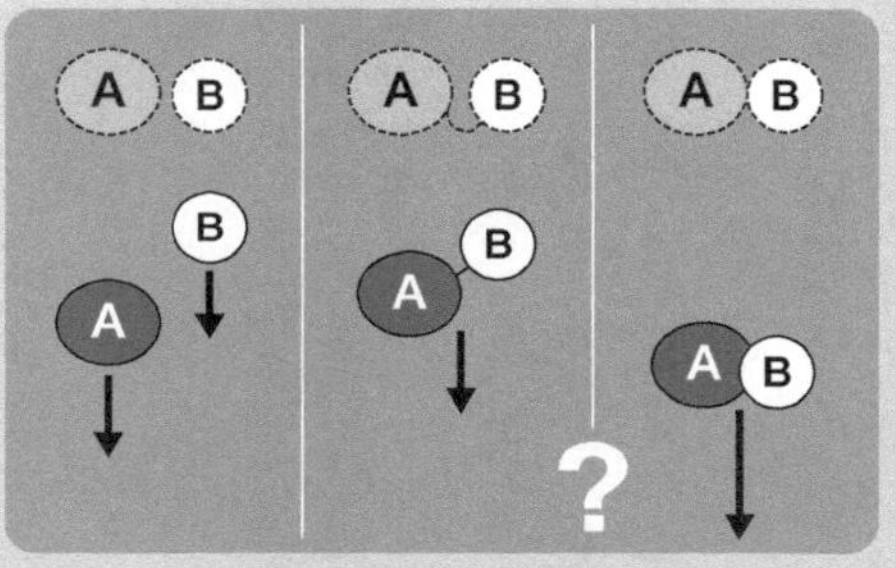

図4-8　重い物体Aと軽い物体Bを落下させる

また、現実の実験なら生じる空気抵抗による影響も、まったく存在しないものとされている。これは、ガリレオの時代の技術では現実には設定できない、思考実験だからこその条件である。

こうした「抽象化」や「理想化」は次章で詳しく説明する「モデル」の特徴と機能だ。科学における思考実験の成否は、どれだけうまくモデルが作れるかにかかっている。

ガリレオと並んでアインシュタインも思考実験の名手として、つまりはその巧みなモデル作りの腕前によって知られている。アインシュタインは、通常は困難な、ときには現実には不可能な舞台さえも設定できる、という思考実験のメリットを最大限に活用した。「光に乗って光を追いかけたら」とか「無重力空間でエレベーターを加速させたら」といった、思考の中でしか成り立たない想定からスタートし、やがてきわめて革新的な相対性理論の確立につながっていく。このように、思考実験もまた、ときに科学を大きく前進させる重要な活動なのである。

第5章　科学的に説明するとはどういうことか

人間は、この世界の中で生じるできごとについての「説明」を試みる。ただ単に「こういうことが起こりましたよ」と伝えるだけでなく、そんな現象が発生するのは「なぜ」「どのようにして」なのか、ということまで述べようとするのだ。そうして「謎を減らすこと」が説明の主な機能であり、わからないものが理解できるようになりたい、という人間の原初的な欲求を満たしてくれるのである。

科学とは説明をするものである。この章では、科学で行われる説明、すなわち**「科学的説明」**がテーマとなる。科学的思考は科学的説明を考えることと切り離せないし、科学的説明についてよく理解しておけば、日常の思考での説明の質も高められるはずだ。

ここまで本書では、科学的説明のうち因果的説明に関しては詳しく取り上げてきた。そこでこの章では、因果的説明には軽く触れるにとどめて、他の主な科学的説明について解説していくことにしよう。だがその前に、まずは科学的説明で用いられる**「モデル」**の話から始めたい。

1　モデルとは何か

現実は巨大で複雑である。だから科学では、この世界の中で起こるできごとをそのまま相手にしたりはしない。そうした「現物」を模式的に表すモデルをいったん作り、そのモデルを用いて説明や仮説検証を試みるのが普通である。では、モデルにはどんな特徴や役割があるのだろうか。

日常の場面で活躍するモデル——路線図の例

例によって「狭い意味での科学」の話に入る前に、日常で目にする具体的で典型的なモデルの例を取り上げよう。ここでは、鉄道の路線図を題材にした問題を考える。ただし、問題文中に現れる**「抽象化」**と**「理想化」**という用語をあらかじめ簡単に説明しておく必要がある。

抽象化：現物のもつ重要な特徴のみを、たとえば性質や量や要素間の関係などだけを取り出し、それ以外は取り除くこと。

理想化：望ましいが現実には満たすことのできない条件を設定すること。それによって、抽象化で取り出した特徴を際立たせたり、扱いやすくしたりすることも含む。

念のため、この「理想化」には「最も価値が高いものにする」といった意味はないことを確認しておきたい。また、抽象化の「取り除く」という側面に注目すると「捨象する」という表現になる。それでは問題に取り組んでもらいたい。

問題 図5－1下のＪＲ山手線の「路線図」は、上の「現実のＪＲ山手線」のモデルである。この路線図では、現物のもつどんな特徴が抽象化されているだろうか？　また、理想化されているのはどんな点か？

抽象化されているのはこんな特徴である。ＪＲ山手線が環状線であること、各駅が並んでいる順番、それぞれが位置するおおよその方角、などなど。現物がもつこうした特徴をわかりやすく伝えるのがこの路線図の目的であり、それに関係しない部分は取り除かれている。たとえば、駅の規模の違いは路線図には表れていない。各駅でどんな発車メロディが鳴るのか、踏切はどこにあるのか……こうした点も、モデルではすべて捨象されていることがわかるだろう。

理想化が見られるのは、環状線の全体が完全な円で描かれていたり、駅と駅の距離がどこも等間隔で示されていたりする点だ。これは現実にはありえない。実際のＪＲ山手線の形は、きれいな円ではなく歪んでいるし、駅同士の距離も色々である。だが、理想化を施すことによって、抽象化で取り出した重要な特徴がいっそうつかみやすくなっている。現物が環状線であることは、モデルを見れば明白だろう。そうした情報をうまく伝えるのが、

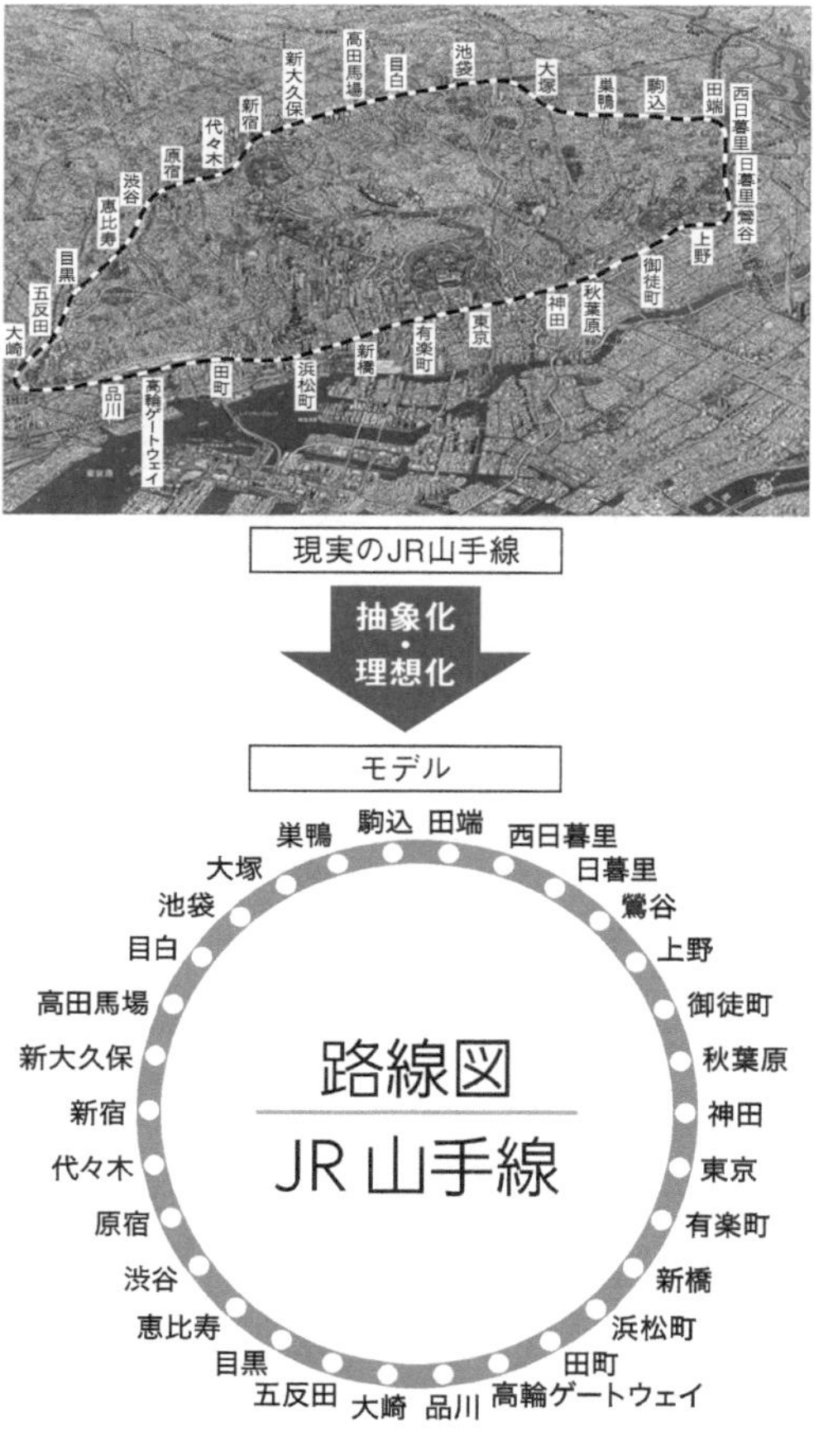

図5-1　現実のJR山手線とそのモデルの路線図

この路線図の目的なのだ。

──うるさいことをいえば、この問題の図５－１上に示した「現実のＪＲ山手線」なるものも、本物ではなくただの絵でしかない。だから、それ自体が本当はモデルのひとつなのだが、その点はどうにもならないのでご理解いただきたい（さらに科学哲学では、抽象化・理想化で得られるモデルと、そうしたモデルを表現する媒体としての図や模型や数式とを区別したりするので面倒なのだが、本書の内容には影響しないので、以下では一般的な言葉づかいに即して図や数式などを「モデル」と呼ぶ）。

抽象化と理想化は程度を許す

モデルの見た目は、抽象化や理想化の程度に応じて、現物そっくりのこともあれば、あまり似ていないこともある。先の路線図は、現実のＪＲ山手線とそれなりには似ている。しかし、各駅の規模や駅の間の距離についての情報も伝えたい、といった目的があれば、現物にもっと似せた路線図を用意することになるだろう。

路線図を含め、一般に地図は目的に応じてさまざまに描かれる。どこをどう抽象化・理想化するか、地形や標高まで詳細に反映させるのかは、何のために地図が必要なのか次第で決まる。どんな目的にも使える「普遍的な地図」などというものは存在しないわけだ。

このことは、地図に限らず、あらゆるモデルに当てはまる。飛行機のモデルは、マニア向けの精密模型なのか、それとも乳幼児向けの木製おもちゃなのかで、抽象化の度合いが大きく異なっている。

このように、抽象化と理想化には幅がある——こういうのを「程度を許す」という。だから、モデルと現物との見た目の距離が大きくなることも少なくない。あとで見る「数理モデル」はその典型的な例だが、ここまで本書で出てきた例では、因果関係を箱と矢印で示す図や「A→B」式の表現も、現物とはあまり視覚的には似ていないモデルである（できごと間の関係を取り出すのが主な目的なのでそうなる）。ちなみに、すでに何度か言及したパールの『因果推論の科学』では、原因と結果の結びつきを確率論的に扱う洗練されたモデル（因果ダイアグラム）が紹介されている。関心のある読者は参照してほしい。

科学におけるモデル（1）図や模型

それでは、科学で用いられるモデルに進もう。DNAの二重らせん構造を示した図や分子模型は、教科書にも登場するモデルの例だ。

DNAは、4種類の塩基、すなわち、アデニン（A）、チミン（T）、グアニン（G）、シトシン（C）というパーツからできている。このAとT、GとCが、それぞれペアにな

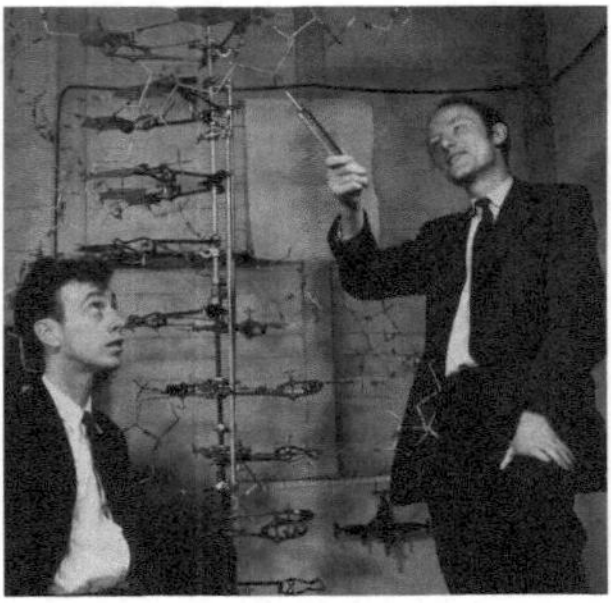

図5-2　DNAの二重らせんモデル（左）とワトソン＆クリックとDNAの分子模型（右）

って向かい合い、２本のらせんが緩く結びついている、というのが全体としての構造である。遺伝情報は、ここでのペアがどういう順番で並んでいるか（塩基配列）によって担われている。

　ＤＮＡのそうした重要な特徴だけを取り出しているのが図５－２の左の図である。塩基の種類ごとの相違は無視されて同じ形に描かれている。また、実際のＤＮＡでは各パーツは絶えず微動し続けているが、図ではその距離も一定という条件が設定されている。こうした抽象化と理想化によりモデルは現物と大事な点で似せられている。そのおかげで、パーツは相互にどんな位置関係にあるか、全体としてＤＮＡはどんな構造をしているのか、といった文章だけではなかなか理解しにくいことでも目で捉えやすくなっているわけだ。

　生物学史に残る図５－２（右）の写真に示されているのは、ジェームズ・ワトソンとフランシス・クリックが構築したDNAの分子模型である。彼らがこの立体モデルを作り出したおかげで、生物の遺伝がDNAの複製によって生じる現象であること、そして塩基配列が遺伝情報を担っていることが説明できるようになった。その功績により、ワトソンらは1962年にノーベル生理学・医学賞を受賞している。これは科学の前進にモデルの構築が大きな寄与を果たした際立った事例のひとつである。

こうしたモデルの例としては、他にも、水分子（H_2O）の構造を示した模型や、神経伝達物質がシナプスで情報を伝える様子を描いたアニメーション、大陸移動や地震の発生などにプレートがどう関わるかを表したイラストなどが挙げられる。どれも教科書や科学番組などではおなじみのモデルだ。そうしたモデルは、それが表す事物や現象がどんなパーツがどう組み合わさってできているのか、各パーツはどのように働き、互いにどう作用し合うのか、といったことを視覚的に捉えやすくしてくれるのである。

科学におけるモデル（2）数理モデル

科学では、数式（方程式）によるモデル、すなわち**「数理モデル」**もよく使われる。数理モデルの狙いは、まさにこの世界に生じる数学的なパターンを把握することにある。数理モデルは、それが表す現物との視覚上の類似関係をほとんど手放している。けれどもそれと引き換えに、現物のもつ重要な特徴についての定量的で厳密な表現が手に入る。

フックの法則を表した数式（$F=-kx$）は、そのシンプルな例である。第1章で触れたこの数理モデルは、ばねに加わる力とその伸び縮みの向きと長さの関係だけを定量的に表している。要するにその点のみが現物と類似しており、ばねの色や形などは重要ではないものとして捨象されているのだ。そうした抽象化に加えて、このモデルではさらに現実にはありえない条件も設定されている。気温や湿度などの要因が、ばねの伸縮に影響を及ぼすことはないのである。この理想化のおかげで、現物にはつきものの複雑さを削ぎ落とした、手ごろで扱いやすい数式として、フックの法則が表現できているわけだ。

ニュートンはこの道の達人だった。たとえば、月が地球の周りをどう回っているのかを数学的に捉えたければ、大胆にもそのふたつの天体を質量しかない単なる点（「質点」という）だと見なしてしまう。大きさや大気の有無をはじめ、現物のもつ色々な性質をあっさりと切り捨てるのである。また、現実には成り立たない条件も設定する。地球は静止したまま自転も公転もしない状態にある、月に働く力は地球の引力以外にない……などなど。このような徹底した抽象化と理想化に、ニュートンの抜群のセンスが発揮されている。

そうして構築されたニュートンの数理モデルは、月の運動について精度の高い説明と予測を可能にした。数学の使用がもたらす同様の強みは、疫学における数理モデルにも見出せる。たとえば、パンデミックの拡大や収束の数学的パターンを捉えたいとしよう。そこで、人口における感染者の割合、実効再生産数、そしてワクチンの接種率などの間に成り立つ関係を数式によって表現する。そこから予測を導くことで、パンデミックの制御に定量的にアプローチできるようになる。「感染者の割合を一定以下に保つにはワクチン接種率をどのくらい高めればよいか」といった社会的に重要な問題に取り組めるようになるのだ。これは、数理モデルの道具としての有用性をよく物語る例だろう。

もうひとつ、数理モデルのメリットとして「意味抜き」での思考を挙げてもよい。数理モデルを構成する要素は、それぞれ現実の何かには対応している。けれども、いったん数式という表現手段が手に入れられれば、その対応関係（つまり何を意味しているか）にはあまり注意を払わなくてもよい場面が出てくる。集中する必要があるのは計算や記号の操作だけ、というわけだ。

この点に関して専門的に訓練を積んだ人だと、もはや日本語を使って考えるのがまどろっこしく感じられることすらあるらしい（担当の編集者さんから聞いた話である）。日本語のような自然言語を使って考えるときには、その中に現れる単語がそれぞれ何を表しているかに、いちいち気を取られてしまいかねない。意味抜きに扱える数式ならそれがスキップされるので、とても楽なのだという。意味や中身を捨象した記号を用いて表現することを

「形式化」と呼ぶ。数理モデルも形式化の産物であり、使いこなせるようになるには時間を要するが、習熟すれば思考の負担を大幅にカットできる可能性があるのだ。

モデルにまつわる若干の補足

少し補足してから次のトピックに移ろう。「理想化」と聞くと、化学で学んだ「理想気体」を思い出す読者もいるだろう。気体分子を大きさのない単なる点として扱い(抽象化)、また分子間の相互作用もないといった現実にはありえない条件を設定する(理想化)。そうして、「理想気体の状態方程式」と呼ばれる数理モデルを作るわけだ。このモデルは、計算が簡単だし精度も高いのでとても有用である。けれども、気体の種類や極低温下といった条件次第では、分子の大きさや分子間の相互作用などの影響が無視できなくなってくる。

それを考慮に入れたのが「実在気体の状態方程式」だ。「実在気体」の状態方程式といっても、あくまでもモデルであるから、現実の気体そのものではない。また種類もいくつかあり、どれも抽象化と理想化の程度が理想気体よりも低く、計算も複雑になる。しかし、その扱いにくさと引き換えに、気体の本当の姿に近づくことができるのだ。これもまた、どんな地図が役立つのかが目的次第なのと同じで、何を目的にするかに応じて、現物のもつどの特徴にどのくらい似たモデルを使うのかが決まる、という話である。

もっとも、これまでの例と違って、モデルで表そうとしている対象の実態がまだよくつかめていない場合もある。とくに、誰もやったことのない研究テーマに挑むときはそうなりがちだ。そういうときは、あれこれ試行錯誤しながら自分なりにモデル作り（「モデリング」ともいう）に励むほかない。科学者はときに荒野を進まなければならないのである。

コラム10 「モデル」の色々

数理モデルと重なる部分もあるが、それとはしばしば区別されるのが「数値計算モデル」である。これは、現実の事物や現象の挙動をコンピュータ上の数値計算として表現することを目指したモデルのことで、「シミュレーションモデル」と呼んだ方が伝わりやすいかもしれない。将来の地球の温暖化についてスーパーコンピュータで予測を導き出す、というのが代表的な数値計算モデルの使用例だ。膨大な条件や構成要素を含み、人間の手には負えないほど複雑で大規模な現象でも、コンピュータなら扱えるようになる。

コンピュータと関連する「モデル」としては「大規模言語モデル」も思いつくかもしれない。ＣｈａｔＧＰＴなどの文章生成ＡＩは、大規模言語モデルにもとづいて作られている。おおざっぱにいえば、これまで人間が生み出してきた膨大なテキストからの学習によって、ある単語のあとにはどんな単語がどのくらいの確率で続くのか（たとえば「ラーメン」のあとに「おいしい」や「太る」が出現する確率）をモデルにしたものだ。文章ではなく画像を生成するAIもあるが、その中には人間の画像生成のやり方をある程度モデリングして作ったといえるものもある。

一方、コンピュータやAIから離れると、科学では「モデル生物」を使った研究が行われる。マウスやショウジョウバエ、大腸菌などは、実験の対象として扱いやすい。そうしたモデル生物から得られた知見を、ヒトなど他の生物の理解に役立てるのである。たとえば、マウスの睡眠に影響する遺伝子についてわかったことは、ヒトの睡眠の理解にも役立つだろう。調べたい生物と重要な特徴を共有している、少なくともそれが期待されているという意味で、モデル生物もやはり「モデル」の一種なのだ。

2　メカニズムの説明

この節では、科学的説明のうち、メカニズムの説明を中心に扱うことにしたい。「それはどういう仕組みで起こるのか？」という問いへの答えとなるのが、メカニズムの説明である。以下で見ていくように、メカニズムの説明は、因果的説明をサポートする役割をはじめ、理論的説明として機能するという点でもとても重要なものだ。

メカニズムの説明が求められる場面

メカニズムの説明が役立つ典型的な場面から始めよう。１６６５年、ペストの大流行により、ロンドンの人口は10万人も減少した。この因果的説明は「ペスト大流行→人口10万人減少」というモデルで表現することができる。それに対してこう問われたとしよう――ペストの大流行を抑えて、それ以上の人口減少を防ぐためには、どんな手立てが打てただろうか。

ペスト大流行のメカニズムが説明できれば、答えるのは難しくない（図５－３）。メカニズムの説明をするには、何が英国までペスト菌を運んできたか、感染したネズミから人間までどのような経

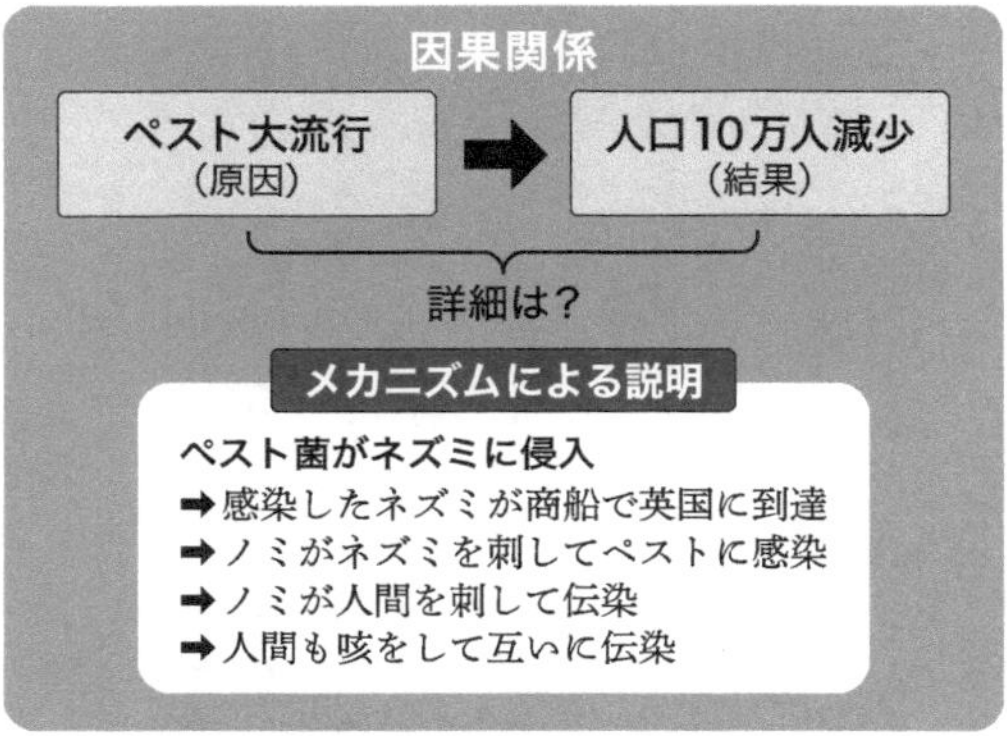

図5-3　ペスト大流行のメカニズム

路で伝わったか、人間同士での伝染はどう生じたか、といった点を述べればよい。すなわち、「ペスト大流行→人口10万人減少」という因果関係を形づくる、ペスト菌、ネズミ、商船、ノミ、人間の咳などの要素と、そうした要素どうしの影響関係について説明するのである。そこから、ネズミやノミを駆除したり、商船の行き来や人々の接触を制限したりすることで、ペストの大流行が抑制できたであろう、と答えられるわけだ。

このように、メカニズムの説明は、ある因果的説明の詳細を埋める役割を果たすことができる。因果関係だけではなく、その原因と結果がどうやって結びついているのか――どんな構成要素がどのように相互作用しているのか――まで踏み込んで説明する。そうした説明があれば、たとえばペスト大流行に対しても効果的な抑制策が打てるようになる。

「メカニズム」の辞書的定義は「機械の仕組み」とか「機構」といったところだが、メカニズムの説明にもそのイメージが当てはまる。機械に何を入力したらどんな出力が返ってくるかは、大枠でわかっている。そこからメカニズムの説明ではさらに、その入出力が機械の中のどんなパーツのどんな働き方によって結びつけられているのか、ということまで立ち入って述べるわけだ。「アクセルを踏む（入力）と自動車が加速する（出力）」という関係は、まさに自動車のメカニズムから詳しく説明できるのである。

メカニズムの説明は、いわば機械をブラックボックスのままにするのではなく、その内部についてもはっきりさせようとする。前節でも触れたように、因果的説明は「A→B」というモデルを使うものであり、それだけに抽象化に伴うディテールの省略は避けがたい。メカニズムの説明では、そうしたモデルの「A」や「B」や「→」の中身をあらためて詳しく描き込むことになる。

こうしてメカニズムの説明は、因果的説明に根拠を与える、いいかえれば、それをサポートすることができる。「その因果的説明が成り立つのはなぜか？」という問いに対して「かくかくしかじかのメカニズムがあるから」と説明すれば、謎を減らしてそれに答えたことになるからである。そうした説明は、次節でも解説する「理論的な説明」の役割を担うものだし、また「深い」説明とも呼べるものだ（第3章で扱った説明深度の錯覚について思い出してほしい）。

この点が重要なのは、メカニズムが不明な因果的説明はしばしば説得力が乏しいことからもわかる。17世紀フランスのモリエールによる喜劇『病は気から』には、アヘンの服用が人を眠らせるのはなぜかと問われて、その原因は「催眠力」だと答える医師が出てくる。そんな底の浅い説明じゃだめだ――ときおり引き合いに出されるこの笑い話は、アヘンが眠りをもたらすメカニズムが当時はわかっていなかったからこそ成り立つものだ。だから、その「催眠力」のメカニズムまで続けて説明する用意がもしあったなら、医師の答えでもそれほどおかしなものではなくなるはずである。

メカニズムと階層（レベル）

メカニズムの説明によって因果的説明をサポートしようと試みる際、そこでの因果関係を形づくる要素の間の因果関係についてもあらたに説明を加えることが少なくない。ペスト大流行のメカニズムを説明しようとすれば、以下の点に触れるのは当然だろう。ペスト菌が侵入したネズミが商船で英国にたどり着いたこと、そのネズミを刺してペストに感染したノミが今度は人間を刺すこと、そしてペストに感染した人間の咳によって人間から人間へと広まること、などである。このように、メカニズムの説明には、たいていそのメカニズム内の要素に関する因果的説明が含まれるのだ。

――鋭い読者は、ここでこんな疑問を抱いたかもしれない。その因果的説明の詳細をさらにメカニズムの説明で埋める余地があるのではないか、と。おおむねその通りである。それはたとえば、「ペスト菌はどうやってネズミに侵入するのか？」「ノミに刺された部位から人体全体にペスト菌はどのように広がっていくのか？」「ペストに感染すると咳の症状が出るのはなぜか？」といった問いに答える説明となる。

ここで大事になってくるのが「階層（レベル）」という視点である。ある階層における現象についての説明がなぜ成り立つのかの根拠を述べようとすると、しばしばそれよりも下の階層にあるメカニズムを持ち出して説明しなければならない。そしてそれが繰り返される。ペスト大流行というマクロな現象についての因果的説明は、それよりも下の階層にある微生物学的なメカニズムの説明によりサポートを受ける。そのメカニズムにはペスト菌が全身に広がるプロセスが含まれており、それについての説明をサポートするには、さらにその下の細胞生物学や生化学のレベルへと降りていかなければならない。

やろうと思えば、こうした階層下降はもっと続けられる。細胞生物学や生化学のレベルの現象の説明についても、いっそうミクロな物理学の階層におけるメカニズムの説明によってサポートすることも可能なのである。もっとも、階層下降がいずれどこかで底をつくのかについては議論が分かれるところだ。かりに最下層があるとしても、そこではもはやメカニズムと呼べるような構造はなくなり、この世界の最も基礎的な領域を扱う物理学の法則による説明あるのみ、ということになるのかもしれない。

階層を降りて水にまつわる謎を解く

簡単なモデルに即して、階層を下に降りる感触をつかんでみよう。取り上げるのは、水の沸点の例だ。

水はふつう100℃で沸騰する。H_2Oというシンプルな分子からできているわりには、100℃というのは例外的に高い沸点だ。H_2Oを作っているのは水素原子（H）ふたつと酸素原子（O）ひとつだけなので、分子としては質量が小さい。分子の質量が小さければ、それに応じて物質の沸点もたいてい低くなる。たとえばメタンは、質量がH_2Oと同程度に小さい分子（CH_4）でできているが、沸点はおよそマイナス160℃とかなり低い。ではなぜ水の沸点はこんなにも高いのだろうか？

その謎を解くには、液体としての水の沸点というマクロな階層から、分子のメカニズムがあるミクロな階層に降りなければならない。水はたくさんの水分子（H_2O）の単なる寄せ集めではない。水分子の間には「水素結合」が働いており、それこそが水の沸点を高めているのだ。この水素結合を説明するために、水分子のモデルに登場してもらおう（図5－4）。モデルなので、抽象化と理想化によって、水分子の現物の重要な特徴だけを取り出して際立たせたものになっている。

モデルの見方はこうだ。描かれている水分子（H_2O）は5つある。中央のH_2Oの水素原子（H）と酸素原子（O）には、それぞれ「δ^+」と「δ^-」と記されている。これは、Hがプラス、Oがマイナスに、電気的にわずかに偏っていること（極性）を表している。周囲のH_2Oはその点はやや省略気味に描かれているが、こうした電気的な偏りは、プラスとマイナスの電気的な引き合いを生む。すると、それによって中央のH_2Oは、周囲の4つのH_2Oと結びつくことになる——周りの4人と4本の手を軽めにつないでいるイメージである。点線で示されたその結びつきが水素結合というわけだ。

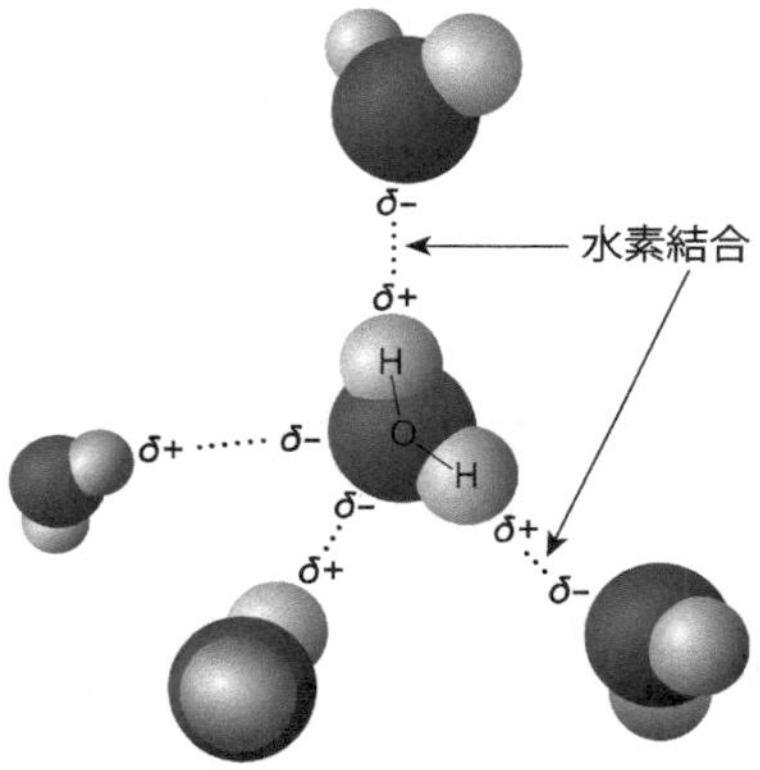

図5-4　水分子のモデル

液体に熱（エネルギー）を加え続けていると、その液体を形づくる分子の運動が活発になり、やがて激しく飛び回るようになる。沸騰とは、おおまかにはそんな状態だと思ってほしい。ふつうは液体の分子の質量が大きいと、その状態になるまでに多くの熱が必要なので、沸点が高くなる。反対に、メタンのように分子の質量が小さければ、熱も少なくて済むので、沸点は低くなる。ところが水の場合、H_2Oの質量は小さいけれども、どれも互いに水素結合している（みんなで周囲と手をつなぎ合っている）せいで、ちょっと熱を加えただけでは簡単に飛び回るようにはならない。水の沸点が例外的に高いのは、こうしたメカニズムがあるためだ。

こうして、水の沸点にまつわる謎が、そこから下の階層にあるメカニズムの説明によって解かれることになる。

ちなみに、水素結合は水だけに見られるわけではない。DNAの2本のらせんがほどけずにいるのも、塩基のペアの間に働く水素結合のおかげだ。前節のモデル図5−2で確認してもらうとわかるように、AとT、GとCのそれぞれのペアの間にある線が、実は水素結合を表していたのである。

——あらためて第1章の金縛りの例に即して確認してみよう。心霊説の弱点は、下の階層にあるメカニズムの説明によるサポートを受ける余地が乏しいことにある。これに対し、睡眠麻痺説がなぜ成り立つのかは、脳の神経細胞の機能から説明できるし、それをさらにオレキシンの働きのような分子レベルのメカニズムの説明で支えることだって可能である。こうした理論的な説明によるサポートがある点で、睡眠麻痺説は心霊説よりもはるかに優れた仮説として評価できるのだ。

コラム11

メカニズム・機械論的世界観・要素還元主義

メカニズムの説明は一種の世界観の表明でもある。英語の“mechanism”の「機構」や「仕組み」以外の訳語である「機械論」がその世界観だ。

機械論的な世界観のもとでは、この世界の中で生じる事物や現象はすべて、それを構成する要素とその相互作用だけで成り立っており、それ以外の何か特別な（ともすれば神秘的な）作用や存在は含まれていない。自動車などと同じく、生物もまた根本的には、細胞をはじめとする無数のパーツが協働することで実現している機械のようなものである。生気論でいうような生物ならではの固有の生命エネルギーがあるわけではない。実際、機械論の浸透に伴う生気論の否定は、科学革命の特徴のひとつと見なされることもある。

こうした世界観には「要素還元主義」も含まれている。生物のように複雑なものを相手にするときには、全体をそれよりも細かい要素に切り分けていけばよい。最初はわからないものでも要素に分けてその働きに帰着させれば、全体についても説明や理解ができるようになるはずだ、と。要素に分けていくことは「分析」ともいう。科学の分析的な性格は要素還元主義の傾向と深く結びついている。

科学革命はこの世界を「時計仕掛けの宇宙」として捉える見方を促した。時計のふるまいがその部品の働きに「還元」することでわかるように、自然の秘密にも同じアプローチで迫ることができる、という発想である。こうした要素還元主義は、あとで見る「統一の理念」と合わせて、科学を導いてきた理念のひとつでもある。

至近要因と究極要因

メカニズムの説明に関連して、生物学的な説明にしばしば登場する**「至近要因」**と**「究極要因」**の区別にも触れておこう。おおざっぱにいえば、至近要因（近因）とは生物個体の内部のメカニズムのことであり、究極要因（遠因）は種の進化に関わっている。

「トウガラシはなぜ辛いのか？」という問いにどう答えるかを考えてみよう。ひとつは、至近要因の説明による答え方である。トウガラシには辛み成分のカプサイシンが含まれている、だから、摂取すると口の中の受容体が刺激される、そしてその情報を神経が脳に伝えて……。こんなふうにメカニズムに訴えて答えるわけだ。トウガラシを食べたときに経験される辛さが、それが生じる直前に位置するメカニズムによって説明される。それが「至近」の意味するところである。

しかし、この問いにはもうひとつの読み方と、それに応じた答え方もある。トウガラシという植物がそもそも辛み成分のカプサイシンをもっているのはどうしてなのか、つまりカプサイシンをもつに至った由来が問われているとも読める。その答えとなる有力な仮説のあらましは、長きにわたる進化の過程で、カプサイシンによる防虫と防カビの効果がトウガラシに備わったから、というものだ——ヒトは辛さすら楽しめるように進化したけれども。

ここで言及されているのが究極要因である。至近要因ないしはメカニズムの説明でよく行われるようにミクロな階層へと降りるのではなく、長大な進化の歴史という時間的スケールで、生物にとって究極的に重要な生存や繁殖に注目する。これが究極要因にもとづく答え方になる。

至近要因と究極要因の区別を簡単な問題で確認してから、次節に移ることにしよう。

問題 なぜ私たちは寒さを覚えると鳥肌が立つのだろう? その説明として、以下のAとBはそれぞれ至近要因と究極要因のどちらによるものかを答えよ。

説明A：ヒトの祖先は毛深く、寒いときには体毛を逆立てて、体毛が捉える空気の層を、あたかもセーターを1枚着るかのように、厚くする機能を備えていた。現代の私たちのむき出しに近い肌にも、その機能を担う筋肉が残っているのだ。

説明B：寒さを感じると交感神経が優位になり、毛穴のそばにある立毛筋という筋肉が収縮する。すると毛穴が閉じて、寝ていた状態の毛が立つが、このとき毛穴の周辺が盛り上がるのである。

詳しい解説は不要だろう。Aが究極要因による説明であり、Bが至近要因による説明である。Aは、ドーキンスが好む表現を用いるなら「私たちにははっきり記された歴史」の一例である。鳥肌は身近な現象だが、そこには祖先の毛深かった歴史が刻み込まれているのだ。

3 法則・統合・理論

レールはなぜ曲がったか

他のタイプの科学的説明も見ていこう。以下のやりとりにはその代表的なものが含まれている。

社長、遅れてすみません。電車が止まってたんですよ。この暑さでレールが曲がっちゃったみたいで。

——暑さでレールが曲がる⁉　そんなことあるの⁉

ほら、レールは鉄でできているから、熱で膨らんできちゃうんですよ。文字通り、鉄道ですから。少しくらいならレールが延びても平気なように設計されてますけど、こう猛暑が続くと……。

——温度が高くなりすぎたせいで、レールの鉄が異常に膨らんで歪んだってこと？

はい、鉄じゃなくても金属は熱を加えると膨張するんですが、とにかく最近は暑すぎるんですよね。

——あ、ちょっと待って……。キッチンのシンクに熱いお湯を流すと「ベコン」って音がするでしょ？　あれも関係ある？　最新のキッチンならそういうことはないかもしれないけど。

おお、なんか急に鋭いじゃないですか！　それも金属が——要するにシンクがステンレス製なんですけどね——熱で瞬間的に膨張するせいですよ！

法則による説明

最初に取り上げるのは、ある現象やプロセスが何らかの法則に当てはまることを述べるタイプの説明だ。これを**「法則による説明」**と呼ぶことにしよう。ここでいう「法則」には、フックの法則や慣性の法則のように「〇〇の法則」という名前のものだけでなく、色々なケースが含まれていると考えてもらいたい。「てこの原理」のような基本的な原理や気体の状態方程式、あるいは単なる一般的なパターンなども「法則」として一括してしまおう。

先ほどのやりとりからは、そうした法則による説明が2段階で行われている部分が取り出せる。以下をご覧いただきたい。

①鉄道のレールが膨張したのはこの夏の猛暑のせいだ
②というのも「鉄は加熱すると膨張する」からである
③これは一般に「金属は加熱すると膨張する」ためだ

①は「猛暑→レールの膨張」という因果的説明である。この①がどうして成立するのかを②が説明しているが、この②は法則による説明になっている。「およそ鉄というものは熱が加わると膨張する」という法則に①が当てはまるから、という根拠が述べられているのだ。これは「①は②の法則の特殊ケースだから」という説明だと考えてもよい。

その次の③の説明では、「金属は加熱すると膨張する」という法則が使われている。これは鉄を含む金属一般について成立する点で、②の「鉄は加熱すると膨張する」よりも「高次の」法則だ。そして、その高次の法則に当てはまるから、いいかえればその特殊ケースであるから②の法則が成り立つ、と説明しているわけである。

ただし、現実の場面では、②をスキップしていきなり③で①を説明する方が自然かもしれない。やろうと思えば、③はさらに高次の法則（物質の温度と体積との一般的な関係についての法則など）に当てはめて説明することもできるだろう。また、法則が「当てはまる」とはどういうことかをきちんと述べるには、次章で説明する「導出」という概念が必要になるが、本章では直観的な理解で結構である（ついでにいえば、科学哲学の文脈ではここでいう法則による説明について細かい区別や議論が行われるが、本書ではそこにタッチする必要はないだろう）。

統合による説明

先のレールをめぐるやりとりには、もうひとつ**「統合による説明」**と呼ばれるタイプの説明も含まれている。猛暑で鉄道のレールが曲がるのも、ステンレス製のシンクに熱湯を流すと音を立てるのも、どちらも「金属は加熱すると膨張する」ためだという具合に、同じ法則が当てはまるものとして説明できる。見方を変えれば、さまざまな現象がひとつの法則のもとに「統合」されるのである。

こうした統合による説明のポイントは「それまで別物と思われていたけれども、実はどれも同じ法則の特殊ケースだった」と述べることにある。その際立った例が、ニュートンによる偉大な統合である。

　リンゴが木から地面にまっすぐ落下する、ボールが放物線を描いて飛ぶ、振り子が往復する、月が地球の周りを回る、金星や木星が太陽の周りを公転する……。見た目は大きく違うけれども、実はどの運動も根本的には同じ力学法則が当てはまる現象である——そうして統合できることをニュートンは示したのだ。それから、ガリレオの落体の法則や惑星運動に関するケプラーの法則も、ニュートンの力学法則の特殊ケースとして説明された。統合による説明のターゲットは、それ自体が何らかの法則であってもよいのである。

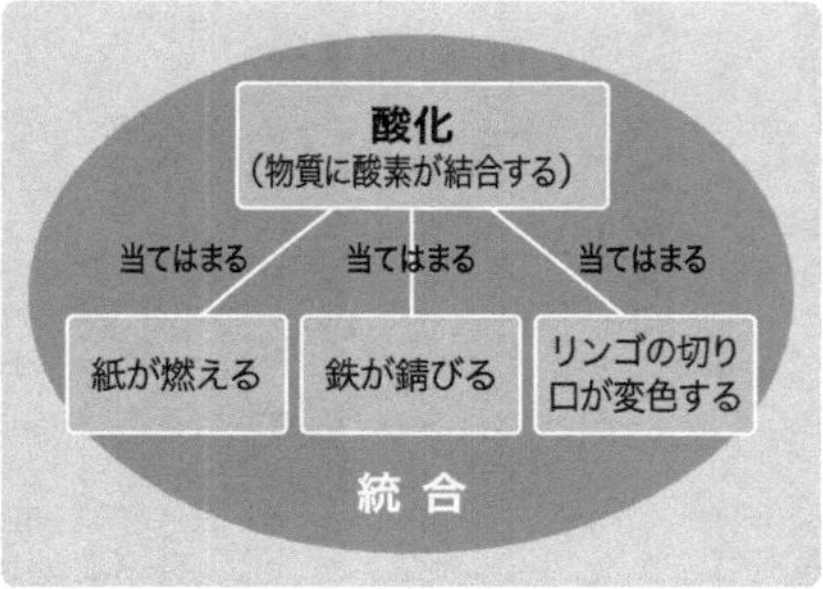

図5-5　「酸化」に統合される現象

　次の問題で簡単にチェックしてみよう。

> **問題**　紙が燃える。鉄が錆びる。リンゴの切り口が変色する。これらの現象についての統合による説明はどのようなものになるか?

　どの現象も「酸化」という一般的なパターンに当ては

まる（図5－5）。見た目はさまざまだが、根本的には物質に酸素が結合する反応の特殊ケースなのだ（「どの現象も酸化の一種だというこの説明がなぜ成り立つのか」をさらに説明したければ、それぞれの階層を降りてメカニズムの説明をすればよい）。

統合による説明は、理解や知的好奇心の充足に深く関わるものだ。「あれもこれも実は同じ法則のひとつの現れだったのか！」という驚き、いわゆるアハ体験をしばしば伴うのである。ごちゃごちゃしていたところが統合されて「すっきりした」世界では、人間が支払わなければならない思考のコストが格段に抑えられる。ニュートンの力学法則を知っていれば、あるいは「酸化」というプロセスを理解しているだけで、実に幅広い現象が説明できるようになるのだ。そしてこの点は、次に見る理論の話とともに、第4節で扱う科学の理念や世界観などにもつながってくる。

理論という構造体と理論的な説明

いくつもの科学的説明が結びついて、ひとまとまりのシステムになったものが「理論」である。因果的説明がメカニズムの説明や法則による説明でサポートを受けたり、雑多に思えた現象がひとつの法則のもとに統合されたりして、緊密なネットワークができていく。それを骨格として、専門的に確立された用語や概念、実験の方法や結果、図や数式のようなモデル……などなどが肉付けされていると思ってほしい。

サンプルとして、こんなミニ理論を挙げてみよう。これまで解説してきた科学的説明が色々と登場するので、確認しながら読み進んでほしい。

リンゴが赤く見えるのはなぜか。リンゴが反射する光が目に入るから、というのが答えの大枠である。**［因果的説明］**

一般に、人間の目に見える範囲の光、つまり可視光が目に入ると、その波長に応じた色が見える。リンゴの場合、反射する光の波長に対応するのは赤なので、リンゴが赤く見えるわけだ。**［法則による説明］**

もう少し詳しく説明しよう。まず、リンゴが特定の波長の光を反射する。次に、人間の目の中にある赤い色を感受するための細胞——これを「錐体」という——がその光を受けとる。そして、それが視神経を通じて脳に伝えられると、最終的にリンゴが赤く見えることになる。**［メカニズムの説明ないしは至近要因による説明］**

人間の目の中には、赤に加えて緑と青のそれぞれの色の光を感受するための3種類の錐体が存在しているが、その3色の光を組み合わせながら明るさを調整することで、さらに黄色や白といったすべての色合いを作り出すことができる。だから人間は、リンゴの赤さはもちろん、メロンの緑色もバナナの黄色もブルーベリーの紫色も見えるようになっているのだ。**［メカニズムの説明と統合による説明］**

ちなみに、人間以外の動物には必ずしも同じような色覚が備わっているわけではない。色が見えるように人間が進化した一因は、食料となる果実が熟しているかを色で見きわめられれば生存に有利だったからではないか、と考えられている。リンゴが赤く見えるのも、「私たちにはっきり記された歴史」といえそうだ。**［究極要因による説明］**

理論という構造体のイメージがつかめただろうか。理論的な説明とは、こうした構造体を形づくる働きをする、もしくはそれを背景にした説明のことをいうわけだ。説明は、孤立状態のときよりも、理論的な説明で支えられている方が、説得力が増す。暑さのせいでレールが曲がるとだけ説明するよりも、熱と金属に関する法則による説明でそれがサポートできる方がよい。もちろん、そうした説明の背景にある「理論のよしあし」も合わせて問われなければならない。ニュートンの力学理論に比べると、素朴物理学ではあまり頼りにならない。どうやって理論の優劣を評価すればよいかは、次章で詳しく扱う。

理論的な説明は、大学の試験でもよく出る「○○について詳しく説明せよ」式の問題への答え方としても有効である。説明問題を苦手とする学生は少なくない。しかし、理論がもつ構造体としての性格を意識しながら、説明どうしの結びつきを明らかにするように努めることで、自ずと詳しく質の高い説明ができるはずだ。それが、学習した内容についての申し分のない理解を採点者に示すことになる。ただし、理論のどの範囲をどのくらい細かく利用するかは、試験の目的に照らして調整しなければならないが。

説明が上手な人は、その場面に応じてどんな説明がふさわしいかを見きわめることに長けているのである。大事なのはメカニズムや法則なのか、それとも当てはまる個別の事例か、はたまた技術への応用か。そのつどの目的や関心にかなった説明ができるのは、深い理解に裏打ちされているからこそのものだ。

……でも、あらためて考えると、そこでいう「理解」とはいったい何なのだろう?

4 理解・理念・世界観

科学における理解をどう捉えるか

何かがきちんと理解できているかどうかの目安として、「よく知っているよ」とか「うん、わかった!」という個人の感覚は当てにならない。とくに、科学で扱うような込み入った対象については、第3章でも見た説明深度の錯覚という認知バイアスが悪さをする。自分ではよく理解しているつもりのことでも、詳しいメカニズムまでは説明できないこともあるわけだ。

本人の自己申告に頼れないなら、他の人にもチェックできる公的な基準が必要となる。実のところ、科学における理解は近年の科学哲学のホットな論点であり、そこでも「個人の外部から観察することのできる能力を理解の基準にしよう」という方向のアイデアがいくつか出ている。どれも「やらせてみて実際にそれがやれるかどうかを確認する」ことを中心に据えた提案であり、操作的定義に類した試みといってもよい。

そうした提案を本章の内容とも関連させながら整理すると、ポイントとなる能力を以下の3つに絞ることができる。

❶モデルを構築・修正する能力

❷反事実的な問いに応答する能力

❸理論的な説明をする能力

❶から❸には互いに重なる部分も少なくないが、ともあれ順に解説していこう。

❶モデルを構築・修正する能力

モデルは、現物がもつ重要な特徴を取り出し、それを際立たせたものでなければならない。したがって、実際にモデルがうまく構築できるかどうかを確かめることで、現物のもつどんな特徴が重要であるかを、目的に応じた仕方で適切に把握しているかどうかが示される。DNAがどのように遺伝情報を担っているかを説明するのが目的なら、分子模型には4種類の塩基にあたるパーツが含まれていなければならない、というように。とくに数理モデルの構築には、現物を構成する要素やその間の関係を、数式を使って定量的に表現する必要があるため、あいまいではない理解が求められることになる。

また、モデルを構築するだけでなく、それを修正する能力にも理解は反映される。深い理解なしには、まずいモデルのどこにどんな不具合があり、それをどう手直しすればよいのかを見きわめることはできない。モデルの修正には、既存のモデルに新たな要素を付加したり、あるいは理想化の程度を緩めて現実の条件に近づけたりするやり方もあり、その能力も理解の指標となる。

❷反事実的な問いに応答する能力

この能力は、「現実とはこの条件が違っていたらどうなるだろうか?」という反事実的な問いを突きつけられたときに、適切な答えが返せるかどうかで確認することができる。因果関係の理解はまさにその典型例である。もしリンゴが反射する光が目に入らなかったら、見え方はどうなるかと尋ねられて正しく答えられなければ、リンゴが赤く見える原因を理解しているとは見なせない。フックの法則についても「かりにいまよりも5センチメートル伸ばしたら、ばねにどんな力が働くか」のような反事実的な問いに対してうまく応答できてはじめて一定の理解が認められる。

こうした応答の能力には、モデルの扱いに習熟していることも欠かせない。応答に先立つ反事実的な問いの検討は、モデルのもとの状態にしかるべき操作や変更を加えて、反事実的な状況が設定できるということが欠かせないからだ。この点は❶の能力とも重なる。

❸理論的な説明をする能力

何かについて単発の説明をして終わるのではなく、その説明がなぜ成り立つのかの根拠まで説明することができる。こうした理論的な説明をする能力が確認できるなら、もとの説明がネットワークの一部として組み込まれた理論まで含めて深く理解していることを裏づける証拠と見なしてよい。たとえば、ある因果的説明をさらにメカニズムの説明や法則による説明で支えるには、それらが含まれるシステムとしての理論の構造を十分に理解していなければならない。

科学における理解についての研究はスタートして日が浅いこともあって、以上の３つのポイントは、理解の程度を測るための当面の物差しという位置づけである。しかし、公的に確認できる能力に注目することで、実用的ですぐに使えるツールとしてなら十分な効果を発揮してくれるだろう。「このできごとのモデルがうまく作れるか？」「その部分を現実とは違うこんな条件に設定するとどんな変化が生じるか？」「いまの説明をサポートしてくれるような理論的な説明をすることはできるか？」――こうした問いを自らに投げかけてみることで、自分の理解の度合いの確認や理解増進の手がかりが得られるはずだ。

統一の理念と科学の世界観

科学における理解は、科学的説明に関わるだけではない。そもそも科学は何を目指すのか、つまり科学の掲げる**「理念」**や、科学から見てこの世界はどう理解されるのか、という科学の**「世界観」**ともつながりの深いトピックである。それぞれに簡単に触れて、この章を締めくくることにしよう。

——理論のネットワークが広がり続けた先のことを考えてもらいたい。理論が大きく成長していくと、隣り合った理論との結びつきが自ずと生じてくる。それが進むとやがて分野という大きな単位でもつながっていき、そこに新たな分野も生まれてくる。実際、化学のレベルで生命現象を研究する生化学は確立されて久しいし、人間の経済行動に心理学の手法でアプローチする実験経済学などの研究も盛んである。だとすると、このプロセスを通じて、最終的にはあらゆる理論や分野からなるひとつの巨大な構造物が現れるのではないだろうか？

その構造物は、もしできあがれば、いわばそれ一枚で世界の全体をすみずみまで描き出した絵となるだろう。このヴィジョンのもとでは、科学という営みの総体は、そうした一枚の絵を完成させる試みとして捉えられる。研究者はみなそのための作業に各自のやり方で携わっているのだ。

このヴィジョンは**「統一」**という科学の理念を表している。科学者コミュニティは、この統一という理念の実現を目指す集団といってよい。そして実際、歴史的に見ても、それに向けて一定の成功がもたらされてきたのである。

統一の理念は、科学の世界観について教えてくれる。科学が描き出そうとする一枚の絵の中にあるものが、この世界の中に存在すると科学で認められるものにほかならない。反対に、その絵の中にどうやっても収まりそうもなければ、それはこの世界に存在するものとして科学では認めがたい。

たとえば、第3章で出てきた生気論では、ある種の生命エネルギーにもとづいて心臓の働きなどの生理現象を説明する。だがこの理論は現代の物理学や生物学との結びつきをもっておらず、いわば宙に浮いてしまっている。そのせいもあって、生気が働くメカニズムも不明というほかない。実際のところ、実験による検証もできないし、ましてその応用技術の発達など望みようがない。

このことは、生気論に出てくる生命エネルギーの収まる場所が、科学が描き出そうとする絵の中には見出しがたいことを意味する。したがって、科学の世界観では、その存在を認めるのはきわめて難しい。それはまさに「神秘的」と表現する以外にないものだ。そうした神秘的な存在や働きに訴えることなくこの世界の理解を目指すところに、科学という営みの合理的な側面を見てとることができるだろう。

もちろん、こうした話題を突き詰めていくと、次のような興味深い（もしかするとマニア向けの）問いも出てくるようになる。あるものの存在が科学で認められるための条件をもっと詳しく正確に述べようとするとどうなるか。統一という科学の理念は本当に最後まで果たせるのか（一枚の絵だけで済むのか、絵の中のどこかに空白が残るのではないか）。しかし、本書の目標にとっては、そこまで行かずに引き返して差し支えないだろう。次章では、科学的説明との関係も深く、また同様に科学的思考にとってもきわめて重要なテーマである「推論」を扱うことにしたい。

◎第5章のまとめ

●科学はこの世界で生じるできごとを説明する試みである。説明のベースにはモデルがあり、抽象化と理想化によって現物のもつ重要な特徴を取り出して際立たせている。

●科学的説明の一種としてメカニズムの説明が挙げられる。メカニズムの説明では、説明しようとしているできごとの下の階層（レベル）に降りて、構成要素やその相互作用にまで踏み込んで説明する。メカニズムの説明は、因果的説明がなぜ成立するかを説明する理論的な説明の役割を担うこともできる。

●法則による説明や統合による説明も重要な科学的説明である。法則による説明では、ある現象や法則がそれよりも高次の法則に当てはまることが述べられる。統合による説明では、さまざまな現象や法則が同じひとつの法則のもとに包み込まれる。こうした科学的説明が結びついてひとまとまりのシステムになったものが理論である。

●科学における理解については、モデルの構築・修正や反事実的な問いへの応答、理論的な説明などの能力に注目して理解の程度を測ろうとするアプローチがある。科学を導く統一の理念やそれが示唆する科学の世界観も、科学とはどのような営みなのかを理解するうえで重要なトピックである。

第６章　科学的に推論し、評価する

推論とは、**手元にある情報から何らかの新しい結論を導き出す思考のプロセス**のことである。因果関係についての仮説を立てる因果推論は、日常の思考にも科学的思考にも欠かせない推論の例だ。本書にはさまざまなタイプの推論が色々な場面で登場してきた。人間の基本的な活動である「広い意味での科学」でも科学革命以降の「狭い意味での科学」でも、科学的思考の中心には説明や仮説を生み出す推論がいつも位置している。

この章の前半では、あらためて推論そのものに焦点を当てることにしよう。推論にはどんな種類があり、それぞれどのような役割を担い、そしてその信頼性をどう見きわめればよいかを知っておくことは、洗練された科学的思考を身につけるには必須の条件だからである。そのうえで本章の後半では、推論を通じて導き出される仮説や理論をどう評価すればよいのかについて考えることにしよう。

1 演繹的推論

推論は、「**演繹的推論**」とそれ以外の「**非演繹的推論**」の大きく2種類に分けられる。この節では、推論とは一般にどのようなものかの解説と用語の導入を兼ねて、まずは演繹的推論を取り上げたい。以下では、演繹的推論を単に「演繹」とだけ表記することもある。

演繹の特徴

一般に推論は、すでに手にしている情報を**「前提」**としてスタート地点にいくつか置き、そこから**「結論」**をゴールとして導き出すプロセスとして捉えられる。次の例では、ふたつの前提から結論が導き出されている。

前提1：停電しているときは、エアコンがつかない。
前提2：いま、停電している。

結論：だから、いま、エアコンがつかない。

前提から結論が導き出されることを文字通り**「導出」**と呼ぼう。導出は「前提1と前提2からこの結論が出てくる」というときの「出てくる」に対応するものである。この例では出てきた結論を「だから」という言葉で引きとっているわけだが、前提と結論の間にある「――――」という線が導出を表している。そしてこの例は、演繹的推論の例にもなっている。

演繹とは、**前提がもし正しいとしたら、そこから導出される結論が誤っていることがありえなくなる**、というタイプの推論をいう。この例では、かりに前提1と前提2が正しいとしたら、結論の「エアコンがつかない」も誤りではありえない。**前提（スタート）が間違っていないことが確認できれば、結論（ゴール）も正しいことが保証される**。演繹の推論としての信頼性の高さはこの点にある。

もちろん、前提のどちらかが「事実としては」間違っている可能性もある。実際には、停電時にも予備電源が働いてエアコンがつくのかもしれないし、いま停電しているというのもただの勘違いかもしれない。けれども、演繹というのは、あくまでも前提が「もし正しいとしたら」、そこから導出される結論が誤りではありえなくなる、というタイプの推論であることに注意してほしい。

このことは、ある推論の導出が演繹としてうまくいっているかどうかと、その前提や結論が事実として正しいかどうかとが、さしあたり別の話であることを意味している。次の推論で確認してみよう。

前提1：たかし君は、毎分10キロメートルの速さで歩く。

前提2：たかし君は10分間歩いた。
前提3：10×10は100である。

結論：それゆえ、たかし君は10分間で100キロメートル歩いた。

たかし君が誰であれ、前提1が現実に照らして正しいことなどありそうもない。結論もそうである。だがそれでも、「もし」前提がどれも正しいとしたら、結論も間違いではありえなくなるのだ。

この例からは、数学では演繹的推論を用いなければならないこともわかる。よく数学の問題では、正体不明のたかし君が歩くだけでなく、「点P」なるものが数直線上を移動したりする。しかし、たかし君や点Pは現実の世界の何に対応するのか、などと考え始めてしまうと、問題が解けなくなる。そこで試されているのは、問題文で与えられた情報から演繹を使って答えが導けるかであって、前提や結論が事実として正しいかどうかは問われていないのだ。

その一方で、以上は、数学が科学で重用される理由も教えてくれる。数学を使えば、前提には厳密な定量的表現が与えられるし、導出も演繹的推論で行えるようになる。あとは、そこでの前提に事実としても正しいと認められるものを置けばよい。そうすれば、あとでも触れるように、結論として得られる説明・仮説の質や予測の精度が高められるのである。

導出は適切か――演繹的推論の評価

事実としての正しさに関わる部分を別にすると、推論がうまくいっているかどうかを評価するには、**導出が適切かどうかをチェック**すればよい。いいかえれば「その前提から本当にその結論が出てくるのか？」を確認するのである。問題を使って演繹の場合を説明しよう。

問題 次の推論は演繹を試みたものだとする。前提から結論が適切に導出されているだろうか？

前提1：ボールが当たると、窓は割れる。
前提2：いま、窓が割れている。

結論：ということは、ボールが窓に当たったのだ。

演繹を試みた推論であるから、前提1と前提2は正しいものとする。確認しなければならないのは、そのふたつから「ボールが窓に当たった」という結論が必ず正しくなるものとして本当に出てくるかどうかだ。この点を検討するには、その結論が必ずしも正しくはならないケース、つまり**「反例」は考えられないか**、と問うとよい。

この推論では、ボールが当たった以外の原因で窓が割れた可能性があれば、それが反例になる。たとえば、窓が割れたのはボールではなくバットが当たったせいだとか、ものすごい強風が吹いたからだ、といった因果的説明が仮説として成り立つかもしれない。そうした反例が考えられるなら、演繹を試みたものとしては、この推論の導出は適切ではないという評価になる。かりに前提が正しいとしても、「ボールが窓に当たった」という結論は間違いになりうるからだ。

演繹は反例をいっさい許さないので、融通が利かない面もある。けれども、それと引き換えにいわゆる飛躍もないので、演繹という推論は最も厳格な意味で「論理的」といえるのだ（ちなみに、論理学の仕事のひとつは、演繹的推論における導出の適切さを、反例の有無のチェックによってではなく、機械的な手続きによって正確に判定する方法を確立することである。興味のある読者は論理学の入門書を手にとってほしい）。

2　非演繹的推論

飛躍を含むことで情報を増やす

演繹は強力な推論である。スタート地点の前提さえ正しければ、ゴールの結論も間違うことがないからだ。反面で、その高い信頼性と引き換えに、前提に含まれていること以上には情報が増えないのも確かである。しかし、**科学では、手元の情報よりも豊かな情報を含む新しい仮説や予測を生み出そうとする**。そのため、演繹以外のタイプの推論、すなわち非演繹的推論が必要となる。

演繹と違って非演繹的推論では、かりに前提が正しいとしても、そこから導出される結論まで必ず正しくなるわけではない。つまり、導出にある種の飛躍が含まれるのである。だが、そうしたジャンプを挟むことで、前提に含まれる以上に情報を増やすことができる。

非演繹的推論にもいくつか種類があるが、この節では、そのうちとくに科学的思考にとって重要なものを取り上げることにしよう。科学の現場では、目的に応じた色々な専門的手法が非演繹的推論に際して用いられる。ネット上の膨大なデータを統計ソフトで分析して有益な情報を抜き出したり（データマイニング）、対面で時間をかけてインタビュー調査を実施したりするのである。しかし、ここではなるべく日常的な事例を用いる方針で解説を進めたい。

非演繹的推論（1）枚挙的帰納法

非演繹的推論の中で、一般に「演繹」の対になるのが「帰納」である。いろいろある非演繹的推論をすべてひっくるめて「帰納」と呼ぶこともあるが、狭い意味では**「枚挙的帰納法」**のみを指す。枚挙的帰納法の具体例を示そう。

前提1（個別事例1）：パソコンが使えなくなっている。
前提2（個別事例2）：天井のライトも使えなくなっている。
前提3（個別事例3）：足元のヒーターも使えなくなっている。

結論（仮説）：したがって、すべての電化製品が使えなくなっている。

結論の「すべての電化製品」には、パソコンやライトやヒーターだけでなく、冷蔵庫やこたつといった家中のあらゆる電化製品が含まれるとしよう。この推論では、3つの個別事例が前提として挙げられている。そうして「枚挙」された前提から、「すべての」電化製品が使用できなくなっている、という結論が導出されている。つまり、枚挙された「個別」のケースから「一般」へとジャンプしているのだ。そのような「一般化」を行うのが枚挙的帰納法という推論なのである（「帰納的一般化」と呼ばれることもある）。

枚挙的帰納法では、結論に含まれる情報量が前提よりも増えていることを確認してほしい。この例での結論は、前提に出てくる電化製品以外にも、冷蔵庫やこたつなどのまだ調べられていないすべての電化製品が使えなくなっている、という仮説なのである。枚挙的帰納法では、それまでに確認された有限の個別事例やサンプルから、一般化された結論を導出する。その点で、観察や調査がまだ及んでいない範囲の情報まで含む仮説を新たに立てようとしているのだ。

だが、情報量の増加というこのメリットは、誤りを犯すリスクと引き換えである。前提はどれも事実としては正しかった――けれども、冷蔵庫やこたつを調べてみたら使えることが判明した、つまり結論の仮説には反例が見つかった、なんて可能性も十分に考えられるのだ。この点は、枚挙的帰納法をはじめとするあらゆる非演繹的推論に共通している。間違うリスクを引き受けつつもそれまでにないことを述べようとするのが、前提から確実に引き出せる情報しかもたらさない演繹とは根本的に異なるところだ。

では、枚挙的帰納法を使った推論はどうやって評価すればよいだろうか。「前提として挙げられている**個別事例（サンプル）に偏りはないか？**」がポイントのひとつになる。サンプルの偏りについては実験に関する注意点として第4章で解説したので、その内容を思い出しながら次の問題に取り組んでみてほしい。

問題 **推論Aと推論Bのどちらが高く評価できるだろうか？**

推論A：先週の土曜日と日曜日にあの湖に行って釣りをしたら、どちらの日もブラックバスが1匹ずつ釣れたんだよ。あの湖にはブラックバスしかいないぜ、きっと。

推論B：あの湖に毎週釣りに行くようになって10年経つんだけど、釣れるのはブラックバスだけなんだよね。トータルで3000匹くらい釣ったことになるんだよな。あの湖にはブラックバスしかいないぜ、きっと。

どちらも枚挙的帰納法を使った推論といえる。それまでに確認された個別事例から「あの湖にいる魚はみなブラックバスだ」という一般化された仮説を結論として導出している。Bの枚挙の仕方は省略的だが、推論としてはAよりも高く評価できる。それは以下の理由による。

Aだと、サンプルに偏りがありそうだ。釣りをしたのが特定の土日という2日間に限られているし、しかも1匹ずつしか釣れなかった、という点でサンプルのサイズが小さすぎる。そのせいで、たまたまブラックバスだけしか釣れなかった、という疑いが濃厚だ。ひょっとすると、その湖にいる魚はすべてブラックバスだという仮説は、事実としては正しいのかもしれない。けれどもそれは一種の「まぐれ当たり」にすぎず、この推論が高くは評価できないことは変わらない。

これに対し、Bでは10年という長期にわたって毎週サンプルが集められている。その中身も約3000匹と十分な数である。このサンプルなら代表性は高いだろう。湖に生息しているすべての魚（つまり母集団）の状態をよく反映している、と考えられるのだ。そこからの一般化によって「みなブラックバス」という仮説を結論として導出するのは、推論として申し分ない。

推論Aに見られるのは「性急な一般化」というよくあるエラーである。たとえば、就職活動を始めたばかりのときに、1社に落ちた経験だけから、どの企業からも内定がもらえない、と直ちに考えてしまう、というように。こうした日常的な例でも、偏りのないサンプルを十分に集めてから推論するべきなのだ。

非演繹的推論（2）アナロジー（類推）

似たもの同士の間には同じような性質や特徴があるはずだ――この発想にもとづいて何らかの結論を導出するタイプの推論が**「アナロジー」**である。ラビオリについて初めて聞いたときでも、餃子のようなものだと教えられれば、どんな料理なのかは何となくわかる。ラビオリを餃子のアナロジーで捉えるわけだ。本書ではこれまで何度か概念をレゴブロックにたとえてきたが、これもアナロジーである。アナロジーは「類推」とも呼ばれる。

アナロジーは、自然現象の理解を促すために使われることも少なくない。川や水路やパイプを流れる水についてはみんなよく知っているので、それとのアナロジーを使えば電気現象の理解も簡単になる。水路の水流や水圧がどういうものかわかっていれば、回路の電流や電圧も捉えやすい。それらの間に類似性があるおかげである。

そしてときにアナロジーは、従来は類似性が明らかではなかったふたつのものを結びつけることで、大きな発見や革新的なアイデアをもたらす。ダーウィンは、進化論の構想に必要な自然選択の概念をアナロジーによって作り出している。畜産で品種改良のために行われる人為選択（人の手による選択）を、自然界にも類比的に当てはめたのである。このように、創造的な思考はしばしばアナロジーの力によって生じる。

もっとも、そうした創造的な思考は、大胆であればあるほど間違いのリスクも増してくる。アナロジーは新しい発想を生み出すことにつながるが、違う領域にあるものが無理なく結びつくとは限らないからだ。アナロジーもまた非演繹的推論の一種であるから、誤りのリスクを引き受けつつ情報量を増やそうとするのである。

使用上の注意点をふたつ挙げよう。第一に、比べているもの同士のどこがどのくらい似ているのか。第二に、似ている特徴があるとしてもそれは重要な点で似ているのか。この2点が推論としての評価のポイントにもなる。たとえば次の推論はどうだろう？

２００８年の経済危機（リーマンショック）は、１９２９年の経済危機（世界恐慌）とよく似ている。世界恐慌のときには、米国では約４０００もの銀行が倒産したので、リーマンショックでも数千の銀行が倒産したと見込んでよい。

この推論では、リーマンショックを世界恐慌とのアナロジーによって捉えようとしている。しかし、ふたつの経済危機のどの点が似ているのかには触れられていないし、ましてそれが銀行の倒産数に関わる重要な類似性なのかはまったく不明である。このままでは、結論の導出は適切とはいいがたい。もしこの推論の信頼性を高めたいなら、まずはそれぞれの経済危機の原因やメカニズムを明らかにして共通する要素や構造を特定する、といった課題に取り組む必要があるだろう。

アナロジーには、理解を促す「教授法」や仮説の形成を助けてくれる「発見法」としての大きな意義が認められる。と同時に、推論としての信頼性については頼りないところもあるので、慎重を期して使わなければならないのである。

ちなみに、BをAとのアナロジーで捉えることは「AをモデルにしてBを理解する」とも表現される。「モデル」という語を使うのは、AとBが大事な点で似ていることを述べるためである。前章で解説したように、モデルでは現物のもつ重要な特徴だけを取り出して際立たせている(抽象化と理想化)。「Aをモデルにする」とは、Aのモデルをいったん作り、そこに示された重要な特徴をBにも見てとろうとすることにほかならない。人為選択をモデルにして自然選択を捉えるダーウィンの試みは成功したが、果たしてリーマンショックは世界恐慌をモデルにして理解できるのだろうか。

非演繹的推論(3)アブダクションと最良の説明への推論

「アブダクション」とは、確認されている事実をうまく説明してくれる仮説を考え出す、というタイプの推論である。また、そうした仮説を選び出すことにも関わっている。例を挙げよう。

前提1（確認されている事実）：パソコンの画面と天井のライトが急に消えた。
前提2：このことは、停電のせいだという仮説（停電仮説）でうまく説明がつく。

結論：だから、パソコンの画面と天井のライトが急に消えたのは停電のせいだろう（停電仮説が正しいと考えてよい）。

前提1にはない新しい情報が前提2には登場することに注意してほしい。確認されているのは、パソコンの画面と天井のライトが急に消えたという事実だけであり、そこには停電そのものの話は出てきていない。停電仮説は前提2で初めて登場し、結論でそれを受け入れる。このようなプロセスで進む推論がアブダクションである。定式化しておこう。

前提1（確認されている事実）：Aである。
前提2：Aであるのは、Bだからという仮説Xでうまく説明がつく。

結論：したがって、AなのはBだからだろう（仮説Xが正しいと考えてよい）。

アブダクションは「仮説形成」とも呼ばれるが、枚挙的帰納法でも仮説は形成されるので、この言葉は紛らわしい。そのため本書では「アブダクション」で統一するが、枚挙的帰納法で形成される仮説との違いについては補足しておいた方がよいだろう。枚挙的帰納法で形成されるのは、個別事例を一般化した仮説（一般化仮説）である。パソコンの画面や天井のライトが急に消えたとき、同じ電化製品というカテゴリーに属するもの全部について「すべての電化製品が使えなくなっている」といった仮説を作るわけだ。

一方、アブダクションに登場するのは――「それは停電のせいだ」というように――確認されている事実をうまく説明してくれる仮説（説明仮説）である。停電仮説には、パソコンやライトとはまったく違う種類の「停電」という新しい要素が加わっており、そこが一般化仮説とは大きく異なっている。そうした新要素の追加による大ジャンプがうまくいけば、革新的な発見や創造にもつながる。いずれにせよアブダクションを「仮説形成」という別名で呼ぶ際に念頭に置かれているのは、一般化仮説ではなく説明仮説の方というわけだ。

もちろん、アブダクションも非演繹的推論である以上、誤りのリスクを避けることはできない。パソコンの画面と天井のライトが急に消えたのは、停電のせいではないかもしれない。ふたつ同時に故障した、という同時故障仮説でも説明がつくからである。このように「Aである」という事実に説明がつけられる仮説は、「Bだから」という仮説Xひとつだけとは限らない。「Cのせい」という仮説Y、「Dが原因」という仮説Z……などなどの仮説が「ライバル」として出現してくるかもしれないのだ。

では、互いにライバル関係にある複数の仮説の中から、仮説をひとつに絞るにはどうすればよいだろうか。もちろん、ほかのどのライバル仮説よりも優れた説明をしてくれる仮説、つまり「これがベスト」といえる説明をしてくれる仮説を選び出せばよい。こうした選抜の手続きを含むプロセスを**「最良の説明への推論」**という（アブダクションを仮説の形成だけでなく、この手続きまで含めて捉える立場もある）。

いま、停電仮説には同時故障仮説しかライバルがいないとしよう。2種類の電化製品が同時に故障することはめったにないけれども、停電はそれなりに起こる。だとすると、停電仮説が同時故障仮説よりも見込みのある、その意味で優れた説明になっている。他にライバルはいないのだから、ここでは停電仮説が最良の説明を与えてくれる仮説として選択されることになる。

最良の説明への推論は、アブダクションと重なる部分もあるが、次のように定式化できる。

前提1：説明が必要な事実がある。
前提2：その事実は仮説Xで説明がつく。
前提3：仮説Xと同じくらいその事実をうまく説明してくれる仮説は他にない。

結論：というわけで、仮説Xは正しい（という見込みが高い）。

もちろん、結論に至ってもなお仮説Xが間違っている可能性はある。しかし、だからといって、この推論が全体として合理的でなくなってしまうわけではない。「ライバルのYやZといった仮説だと、説明にもっともらしくないところが出てくる。そうした仮説をつぶしていくと、残るのは仮説Xである。現時点でベストといえる説明をしてくれるのは、仮説Xなのだ。だから、さしあたってそれを正しいものとして受け入れよう」。これはまったく理にかなった推論である。

科学における最良の説明への推論

最良の説明への推論は、科学でも効果的に使われる。そのひときわ印象的な例が、光の正体はどうやって突き止められたのかに関する劇的なエピソードに見られる。問題を通じて確認してみよう。

問題 以下において、最良の説明への推論がどのように用いられているかを説明せよ。

1864年、イギリスのジェームズ・C・マクスウェルは、電場と磁場のふるまいを表現する方程式を生み出した。これは、ニュートンの力学理論なら運動方程式に当たる、電磁気学の基本方程式である。

マクスウェルがこの方程式を用いて計算すると、真空中を伝わる電磁波の速度が導き出された。そしてその速度は、1849年にフランスのアルマン・フィゾーが実験で求めた光の速度と、ぴたりと一致したのである。

これはまさしく、ドラマであった。一般的に考えて、まったく別のふたつのものの速度がぴたりと一致するなどという偶然は、まずありえない。だとすると、光は電磁波にほかならない、という結論が導き出される。

何がライバル仮説になっているのかが少しつかまえにくいが、解答はおおよそこうなる。

まず、電磁波と光は伝わる速度がまったく同じ、という事実が確認されている。次に、この事実は「光の正体は電磁波である」という仮説で説明がつく。その仮説に対し、「光と電磁波は別物だが、その速度はたまたま等しい」がライバルの仮説となってはいるものの、偶然に頼っている点でほとんど相手にならない。光は電磁波だという仮説よりもよい説明を与えてくれる仮説は他にないのだから、それが正しいと考えてよい——。

こうして、マクスウェルによって光学と電磁気学の融合が図られたわけだが、この推論については次の点も強調しておきたい。科学革命以降の「狭い意味での科学」の特徴である数学の使用や定量化がきわめて大きな役割を果たしているのだ。マクスウェルの計算結果も、それに先行する実験から得られていた光の速度も、ともに厳密な数値として公的に——他の人にも確認できる形で——表現されている。そんな数値が一致したからこそ、光と電磁波が別物である可能性などまずありえないとして排除できるのである。このように、数学の使用や定量化と結びついた最良の説明への推論は、絶大な信頼性を発揮する。

マクスウェルの功績は今後も覆りそうにない。しかし、一般的にいえば、最良の説明への推論で導出されたからという理由で、その仮説をずっと受け入れ続けるべきだということにはならない。将来、強力な新ライバルが登場するかもしれないからだ。だがもしそうなったら、あらためて最良の説明への推論を行えばよいだけのことである。それは、科学が前進し続ける限り見られるダイナミズムにほかならない。

大事なのは、どの仮説がいわば「暫定チャンピオン」と呼べるのかを、そのつどきちんと確かめようとすることである。この手続きをスキップして、自分の信じたい仮説だけに固執する、といった態度の弊害は明らかだろう。もっとも、そんな態度をとる人は、自説以外の仮説をたいていは考慮しないだろうし、まして最良の説明への推論を行うことなどまずないだろうけれども……。

それでは、暫定チャンピオンを選ぶには、どんな基準で仮説の優劣を評価すればよいのだろうか。この話は第4節まで後回しにしよう。その前に、演繹的推論と非演繹的推論の合わせ技ともいうべき**「仮説演繹法」**を解説しなければならない。

3 仮説演繹法と科学の前進

科学は、推論によって仮説を生み出し、実験や観察、調査を通じてその検証を行うことで、前進していく。このプロセスの中心にあるのが仮説演繹法である。

予測・確証・反証——用語の確認と導入

解説に先立って、必要な用語の確認や導入をしておこう。次の推論を見てもらいたい。

前提1（仮説）：すべてのカレーは辛い。
前提2（初期条件）：明日の昼食はカレーだ。

結論（予測）：明日の昼食は辛いだろう。

この推論では、前提1という仮説から、まだ味が調べられていない「明日の昼食」に関する予測が結論として導出されている。その際に、前提1の仮説に加えて、前提2の「初期条件」が置かれているが、おおよそこれは、そのつどの個別の状況について述べたものをいう。

仮説の検証は、導出された予測が実際に成り立っているかどうかを確かめることで行われる。「明日の昼食」を食べてみて本当に辛かったら、「すべてのカレーは辛い」という前提1の仮説が支持された、つまり**「確証」**されたことになる（ただし、それなりの裏づけが得られたことにはなるにしても、100パーセント正しいことが立証されたわけではないことに注意せよ）。

もちろん予測が外れることもある。「明日の昼食」が紛れもなくカレーであるのに、予測に反して食べても辛くなかったとしたら、前提1の仮説に誤りがあったからだと考えてよい。このように仮説が支持されないことを**「反証」**という（予測が外れることにも「反証」は使われる）。

ここで注目してほしいのは、**予測は仮説から演繹的に導出されている、**という点である。演繹とは、もし前提（仮説と初期条件）が正しければ、そこから導出される予測（結論）も必ず正しくなる、という推論のことだった。かりにすべてのカレーが辛く（仮説）、そして明日の昼食がカレーであるならば（初期条件）、それは辛いはずなのである（予測）。だがもしその予測が外れてしまったなら、前提に問題があるはずだ。初期条件は事実として正しいとすると、予測が外れたことをもって、仮説が反証されたことになるわけである。

仮説演繹法

それでは仮説演繹法の話に移ろう。仮説演繹法とは、次の2段階からなる推論のことである。

①非演繹的推論によって新しい仮説を立てる

②立てた仮説を前提のひとつとする演繹的推論によって予測を導出する

あとは、導出された予測が実際に成り立っているかどうかを確かめれば、立てた仮説を検証することができる。予測が成り立っていれば仮説が確証されたことになり、外れていれば反証されたことになる。

先ほどのカレーの例を組み込んだ仮説演繹法の例を作ってみよう。

前提1（個別事例1）：おとといのカレーは辛かった。
前提2（個別事例2）：昨日のカレーは辛かった。
前提3（個別事例3）：今日のカレーは辛かった。
―――――
結論1（仮説）＝前提4：すべてのカレーは辛い。
前提5（初期条件）：明日の昼食はカレーだ。
―――――
結論2（予測）：明日の昼食は辛いだろう。

（前提1〜結論1）①非演繹的推論（枚挙的帰納法）
（結論1〜結論2）②演繹的推論

①の段階では、非演繹的推論のひとつである枚挙的帰納法によって、新しい仮説が導出されている。前提1・2・3は個別のカレーについて述べており、それを一般化してすべてのカレーについての仮説（結論1）が新しく作られているのである。そこからあとは先ほど説明した通りで、演繹的推論によって予測を導出し（②の段階）、それにもとづいて仮説を検証する。

もし仮説があえなく反証されたらどうするか。仮説の修正か、あるいは放棄が迫られることになる。この例の「すべてのカレーは辛い」という仮説は、反証されることもあるが、たいていのケースで確証されるだろう。だから、この仮説を全面的に手放す必要はなく、「大部分のカレーは辛い」といった方向に微修正を施せばよい。こうして、カレーに関する認識は正確さを増していくことになる。そして、次のところで見るように、科学という活動がどのように実践され、また前進するかについても、仮説演繹法の枠組みでおおむねうまく捉えられるのである。

科学における仮説演繹法——ブラウン運動

ここでは、科学における仮説演繹法の使用例として「ブラウン運動」の研究を取り上げよう。ブラウン運動とは、液体や気体の中を浮遊する微小な粒子が振動しながら不規則に運動する現象のことである（図6－1）。

1827年、ブラウン運動にその名を残す英国の植物学者ロバート・ブラウンは、水に浮かべた花粉を顕微鏡で観察した。そこで気づいたのが、細胞に含まれる微粒子が小刻みにジグザグ運動をすることである。ブラウンは最初、この運動は生命現象の一種ではないかと考えた。当時は生気論的な見方が支持されており、まだ生きている花粉内の粒子そのものに宿る生命エネルギーがジグザグ運動の原因だ、という仮説でうまく説明がつくと思われたのである。**［非演繹的推論により仮説を導出するステップ。用いられている推論はアブダクション］**

この生気論的な仮説からは、次のような予測が出てくる。まず、生きている花粉内の粒子でなくても、生命エネルギーが宿った粒子であれば、不規則な運動が観察されると見込まれる。だが、すでにそれを失った死んだ細胞、あるいは石灰や金属を砕いた粒子には、そうした運動は見出されないであろう。**［演繹的推論により仮説と初期条件から予測を導出するステップ］**

ところが、いざブラウンが実験してみると、どちらの条件

粒子の運動の軌跡

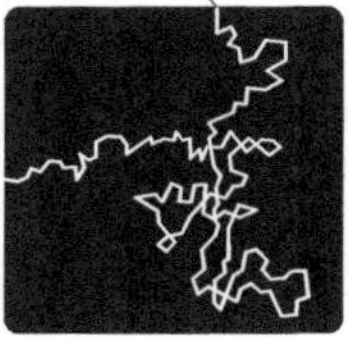

図6-1
ブラウン運動

でもまったく同じ現象が観察された。これが対照実験になっていることに注意してほしい。生命エネルギーが宿っているはずの実験群と、そうではない対照群とで、粒子の運動の仕方は変わらなかったのである。ふたつの群で条件を変えたのに結果が同じだったということは、生命エネルギーはこの運動の原因ではなかったことを示している。こうして、生気論にもとづく当初の仮説は反証されてしまう。**【予測にもとづいて仮説を検証するステップ】**

このあと、ブラウン運動の原因やそのメカニズムはしばらく謎のまま残されることになる。

科学における仮説演繹法の実例としては以上で不足はないのだが、この話には興味深い続きがある。紹介しておこう。

１９０５年、アインシュタインはある仮説を論文で発表する。ブラウン運動は、粒子を取り巻く液体や気体の中の分子のランダムな衝突で説明できる、と（図６－２）。アインシュタインはブラウン運動の数理モデルまで作ったが、この仮説が何より画期的だったのは、当時まだ光学顕微鏡では観察できず、あるかどうかも不確かだった分子（および分子を構成する原子）の存在が実験で検証できる可能性を示した点だ。

検証の結果、アインシュタインのこの仮説は確証される。そして、ブラウン運動のメカニズムが明らかになるとともに、徐々に原子や分子の存在も受け入れられ始めていく……。

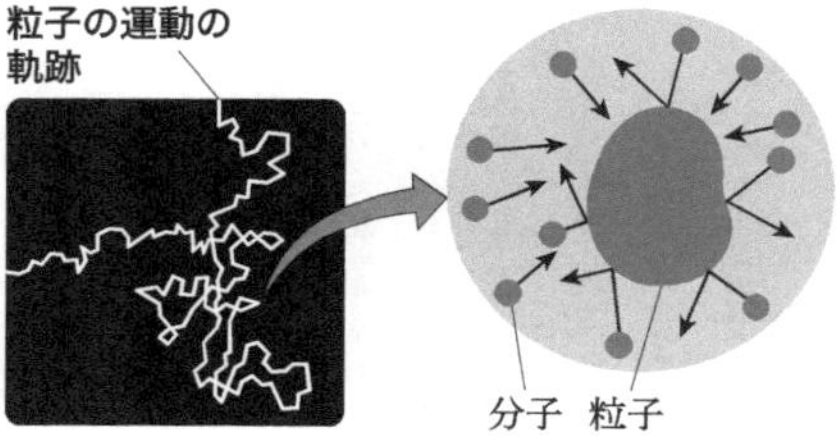

図6-2　アインシュタインによるブラウン運動の仮説

科学の前進

仮説演繹法は、科学が前進していくプロセスの中心をうまく捉えているように見える。そこには、新しい仮説の導出とその検証のサイクルがある。この点を確認して本節を終えよう。

まず、非演繹的推論によって、前提よりも情報量の豊かな新しい仮説を作り、そこから今度は演繹を使って、予測を結論として導出する。次いで、その予測が成り立つかどうかを実験などで確かめることで、仮説を検証する。そして、検証結果に応じた新たな課題に取り組む。科学はこうしたサイクルの繰り返しによって先へと進む。

仮説が確証されたら、そこから取り組むべき課題のひとつは、検証をあらためて実施することである。何といっても一度だけの実験や調査ではサンプルに偏りがあるかもしれないし、認知バイアスもどこかで影響しているかもしれない。そこで、同じ結果が繰り返し得られるか、つまり「再現性」があるかを確かめるわけだ（第4章を参照）。

また、検証を再び行うにしても、最初とは異なる手法やもっと精度の高い装置を使用してみるのもよい。それでも同じ結果が得られるなら、単なる偶然という見込みはいっそう低くなるからだ。再現性の確認以外には、扱っている現象のメカニズムを調べたり、理論的な説明を試みたりすることも重要な課題として挙げられる。

もし仮説が反証されても、やるべき課題はたくさんある。仮説の修正を試みるもよし、放棄して別の仮説を作るのもよし。あるいは、予測の導出に問題がなかったかをチェックするのも大切だろう。実際には、仮説そのものよりも初期条件や推論にまずいところがあったのかもしれない。こうした課題に取り組むことも、科学を着実に進めるものだ。

以上はあくまでも、科学が前進していく過程の「モデル」である。現実の科学はこれほどきれいには営まれておらず、試行錯誤や紆余曲折を伴いながら、色々な作業が並行して進められる。それでもこのモデルは、科学という複雑なプロセスの重要な特徴を浮き彫りにしてくれている。仮説演繹法はその中心に位置しており、科学とはどのような活動なのかを理解しやすくしてくれるという意味でも、科学的思考を身につけるうえでの有用なツールとして機能するのである。

4 仮説の評価——反証主義

第2節の末尾では、最良の説明への推論にまつわる問いを残しておいた。ライバル関係にある仮説がいくつかあるとき、その中からどうやって暫定チャンピオンを選べばよいのか、というのがその問いだった。最良の説明への推論を行う場面に限らず、仮説のよしあしを評価するための使い勝手のよい物差しを与えてくれるのが、この節で紹介する「**反証主義**」である。反証主義の考え方は、あくまでもおおづかみの基準となるものであって、万能ではないけれども、色々な場面で役に立つことがわかるだろう。

反証主義の基本的な発想

反証主義とは、ある仮説や予測が科学的であるためには「**反証可能性**」がなければならない、とする考え方である。反証可能性とは、文字通り何らかの仕方で反証ができることをいう。この反証可能性の有無によって、科学とそれ以外の非科学・疑似科学との境界線を引く――それが反証主義を唱えたポパー(初出・第3章 コラム7)の目指したことだった。
反証主義の観点から見ると、次の主張は科学的にはほとんど評価に値しない。

これを飲んでもまだ効き目が出ないって? いや、心から効き目を信じる必要があるんだ。そうして飲み続けても効き目が出ないなら、それは真面目に信じていることにはならない。本当に信じる心が足りていれば、必ず効いてくるはずだよ。

この主張には、反証を受けつけないようにする仕掛けが施されている。「俺はいくら飲んでも効かなかったぞ!」と訴えても反証にはならない。「それは本当に信じる心がまだ足りていないだけさ」と軽く返されてしまうのだ。しかし、だとすると、どんな証拠が得られたらこの主張の誤りが示されたことになるというのか。
こうした主張は、現実に反証の手立てがないだけでなく、そもそも原理的にも反証できない構造をしているのである。ポパーによれば、このような反証可能性の欠如こそ、非科学や疑似科学の特徴にほかならない(ただしこのあとすぐ見るように反証可能性には程度差があり、科学と非科学・疑似科学の区別も明確ではなくグレーゾーンがあると捉えるべきだが)。

反証主義の考え方を日常でも活用したければ、手っ取り早いのは次のやり方だろう。何か怪しげな主張に遭遇したら**「その主張が間違いだと判明することがあるとしたら、それはどんな場合ですか?」**と問いかけるのである。この問いに対して「そんなことはありえない」「絶対に正しいんだ」というような、反証を受けつける余地のない答えが返ってきたら、まともに取り合う必要はないと判断してよい。

しかし実際には、反証可能性はゼロかイチかではなく程度を許すものである。そしてこの点を応用すると、**反証可能性の高低を基準にして、仮説や予測のよしあしを評価することができる**ようになる。問題を通じて解説してみよう。

問題 以下のAとBのうち、反証可能性が高いのはどちらだろうか?

A:日本銀行が利上げを宣言すると、その翌日は必ず株価(日経平均)が500円以上暴落する。

B:日本銀行が利上げを宣言すると、その翌日は株価に何らかの変化が生じる。

さまざまな状況で間違いになるAの方がBよりも反証可能性が高い。日銀が利上げを宣言した翌日に株価が急騰したとか、下落はしたけれども500円未満に収まったといったケースが、Aの反証となる。これに対し、Bの反証可能性はとても低い。利上げの宣言があった翌日に株価が上がろうが下がろうが、Bは確証されてしまうのだ。Bが反証されるのは株価が前日からいっさい変化しないときのみだが、現実にはまず起こりそうもない。

この比較からわかるのは、反証可能性が低いと情報としての価値も小さくなるということだ。なるほど、Bなら間違うリスクがほとんどない。しかし、株取引などに活用できる情報としての価値もゼロに等しい。一方、それよりも反証可能性が高いAを受け入れると、確かに誤りのリスクは増えるけれども、それを引き受けることで利益が得られる見込みも出てくる。情報としての価値が大きいとはそういうことだ。

科学で生み出される仮説や予測には、この世界で起こるできごとについて、新しくて豊かな情報を伝えることが期待される。反証可能性の高低を仮説や予測のよしあしの物差しとして使うのは、情報としての価値の大小という点から優劣を評価することなのである。

評価のためのポイント——一般性・明確さ・限定性

反証可能性の高低を見積もるポイントとして、とくに重要なものを挙げてみよう。

・**仮説の一般性**：カバーしている範囲が広いこと。
・**明確さ**：仮説や予測が明確に、できれば定量的に表現されていること。
・**予測の限定性**：ピンポイントである度合いが高いこと。

こうしたポイントを満たしているほど反証のリスクが上がる。たとえば、以下の3つの仮説は、反証可能性が高くなる順番で並んでいる。

仮説①　銅に電流を通すと熱くなる
仮説②　金属に電流を通すと熱くなる
仮説③　金属に電流を通すと電流の大きさの二乗に比例した熱が生じる

まず、仮説①よりも仮説②の反証可能性が高いのは「一般性」の違いによる。仮説①が銅だけを扱っているのに対して、仮説②は銅を含む金属一般という広い範囲をカバーしているのだ。①は、実際に銅に電流を通して熱くならなければ反証されるが、銅以外の金属については何も述べていない。だが②は、金やアルミニウムなどの銅以外の金属でも、電流を通してみて熱くならなかったら反証される。一般性の高い②は、間違うリスクは増えるけれども、それと引き換えに広く金属一般についての豊かな情報を伝達してくれる――つまり情報としての価値が大きい――のである。

次に、仮説②と仮説③を比べると、金属がどう熱くなるのかについての「明確さ」の違いから、③に軍配が上がる。②ではただ単に「熱くなる」と少し曖昧に述べられているのに対し、③では「電流の大きさの二乗に比例した熱が生じる」と定量的に表現されている。これが反証可能性の差を生む。仮説②は、金属がとにかく熱くなりさえすれば、どう熱くなるかによらず確証されるが、仮説③は、特定の量の熱が生じない限りは反証されてしまう。しかし、だからこそ③は、感覚的に捉えられる水準を超えた、精細で価値の大きい情報を担うことができるのである。

このことは、本書で繰り返し触れてきた「狭い意味での科学」の特徴を、反証主義の観点からあらためて捉え直したものといえる。数学を使用し、定量的な表現によって曖昧さが極限まで切り詰められていくと、ごく限られた条件のとき以外には反証されてしまうようになる。だがそれは、価値のある質の高い情報を生み出すという科学の目標に照らせば当然目指すべき方向なのだ。

いま述べた点は、予測の限定性（ピンポイントである度合いの高さ）というポイントとも無関係ではない。問題にしてみよう。

問題 「この夏は、東日本で大雨が降るだろう」という予測は、そのままではほぼ反証が不可能である。どのような点で限定性を高めれば、反証可能性が高まるだろうか？　具体的な修正案を述べよ。

この予測がほとんど反証不可能なのは、あまりにも簡単に当たってしまうからである。「この夏」という長めの期間のうち、「東日本」という広い空間内のどこかで、「大雨」と見なせる程度の雨が降りさえすればよい。これでは天気予報としてのありがたみもない。

そこで、「8月17日夕方」「東京都新宿区のJR市ケ谷駅近く」といった具合に、時間的・空間的な限定を加え、さらに「1時間に80ミリメートル以上の大雨」などと定量的に述べれば（これは「猛烈な雨」の基準である）、一気に反証可能性が高められる。ここまでピンポイントで明確な予測であれば、天気予報として役立つことはいうまでもない。

不穏なたとえにはなるが、どこかの国から自分の国に向けてミサイルが発射されたときに、落ちる場所や時刻についての予測は曖昧ではなく限定的な方が助かるわけだ。ピンポイントであればあるほど外れるリスクも上がるが、そうした反証可能性の高い予測ほど優れていると評価できる。そして、それほど高精度の予測が生み出せる仮説なら、それもまた、相応に反証可能性の高い優れた仮説として認められるのである。

反証主義の教訓

反証主義から科学的思考に関する一般的な教訓を引き出しておこう。ひとつは、ある意味で**否定的な事柄について考える能力が重要**だということである。アインシュタインは、その発想力もさることながら、自分の理論がどうしたら誤りであることが示されうるのかを完全に明確に述べることができたという。ただ単に他の人と違った考え方をするだけでなく、何が反証になるかを見きわめる能力にも長けていたのだ。優れた科学的思考を身につけるには、人間にとってはやや不自然ではあるけれども、自分の立てた仮説が支持されない否定的なケースについても考える、つまり確証だけでなく反証の可能性も検討する態度を養わなければならない。

このことは次のような教訓にもつながる。科学で主張されることは、それが反証可能性を有する限り、どこまでも「仮説」であることを受け入れなければならない。科学は、**間違ってしまうリスクを承知のうえで、できるだけ優れた説明を生み出そうとする**活動として、いつまでも続くのである。裏を返せば、科学という営みは、ずっと完成することなく発展し続ける可能性に開かれている。つねに自らの考えを仮説として検証にさらし、誤りがあれば修正を加えながら、そのつど最良の説明に向かう、というのが科学的に考える姿勢なのだ。そしてそのためには制度による支えも活用する——という話は次の最終章で取り上げることにしよう。

5 仮説・理論の総合評価

科学では、いくつかの有力な仮説が互いにライバルとして競合していて、その中のどれが最も優れているのかを見きわめるのが難しい、という状況が生じることも珍しくない。反証主義の考え方は便利ではあるけれども、評価の物差しとしてはやや単純で粗いところがあり、そうした状況にうまく対応できるとは限らない。では、もっと丁寧に仮説の優劣を比較したいときは、どうすればよいだろうか？

総合評価のための基準のリスト

いくつかの基準にもとづいて「総合評価」を下す、というのが答えの大枠である。とくに、有望な仮説はたいてい理論というシステムの中にしっかりと収まっているので、その仮説を一部として含む理論も合わせての評価がしばしば必要になってくる（このことはコラム12で解説する反証主義の弱点とも関係している）。

そうした総合評価のための基準についてはさまざまな提案があり、『科学革命の構造』で知られるトマス・S・クーン（ポパーよりも後の世代に属する）も、それをテーマにした論文を書いている。ここでは、現在のところおおむね合意されている基準のリストを掲げることにしよう。使いやすいように内容の説明は問いの形にしてある。

・**一般性・包括性**：説明がつけられる現象の範囲（スコープ）はどれだけ広いか。法則や統合による説明でさまざまな現象がカバーできるようになるか。
・**整合性**：理論の内部で矛盾はないか（内的整合性）。仮説や理論の外部でよく確かめられている知見や確立されている理論と衝突しないか（外的整合性）。
・**予測力**：新しい予測が導出できるようになるか。従来よりも精度の高い予測が得られるか。
・**反復可能性・再現性**：検証を通じて繰り返し確かめられているか。同様の条件下での実験や観察や調査で、同じ結果が得られているか。
・**単純性**：理論に余計な要素はないか。できるだけ少ない前提や道具立てから組み立てられているか。

・**前進性**：問題解決につながる、他の研究領域と結びつく、新しい分野を生み出す、といった実質的な進展が見られるか。

このリストにある基準は、反証主義の考え方と重なるものに加え、本書のこれまでの章ですでに解説した内容と深く関連するものも少なくない。理論的な説明によるサポート、定量化の度合い、検証による支持……などなどの要素が絡む基準があることを簡単に確認してもらいたい（説明の繰り返しは避ける）。整合性と単純性についてのみ、次の項で補足する。

整合性・単純性

先に問題で感触をつかんでおこう。

問題

冬の朝、起きて窓の外を見ると真っ白な光景が広がっていた。この事実について最良の説明を与えてくれると評価できるのは、以下の①～③の仮説のどれだろうか。整合性と単純性という点から答えよ。

仮説① 夜のうちに雪が降って積もったせいだ
仮説② 夜のうちに塩が降って積もったせいだ
仮説③ 夜のうちにエイリアンが装置で雪を降らせて積もらせたせいだ

この中では、仮説①が最も整合的かつ単純であり、そのため最良の説明を与えてくれるという評価を下すことができる。まず、雪が降るという現象やそのメカニズムについてはよくわかっているので、①はすでに確かめられている知見や理論と問題なく整合する。しかし、塩が降って積もるという現象はそうではないので、②の整合性は①に劣る。③に関しては、雪はともかくエイリアンという謎の存在は確かめられておらず、仮説の外部にある知見や理論とはまったくフィットしそうもない。また、①と③を比べると、降雪という点は共通しているが、そこにエイリアンという余分な要素がない分だけ、仮説①の方が単純で優れている。

この問題でわかるように、整合性に関して問うべきポイントのひとつは、評価したい仮説や理論の外側にある広く受け入れられた知見や別の理論と衝突しないか、ということである（外的整合性）。地球平面説がまずいのは、月食のときに観察される地球の影が円いことと両立しないからである。感染症に関する因果的説明として神罰説よりも病原体説が優れているのは、既存の医学や生物学とよくフィットするためだ。こうした外的整合性は、前章で見た科学の統一という理念とも無関係ではないポイントだろう。

外的整合性に加えて、理論の内部に「ちぐはぐ」な部分がなく、全体として一貫しているか、いいかえれば矛盾はないか、ということも問うべきポイントになる(内的整合性)。同じ地域の天気について「明日は一日中快晴」という予測と「明日は一日中雨」という予測が同時に出てくるようなら、その理論の内的整合性には明らかに問題があるだろう。そうした矛盾がない理論の方が高く評価されるのである。

単純性は「オッカムの剃刀《かみそり》」と呼ばれる指針と結びつけられることが多い(オッカムは中世の哲学者)。仮説や理論はできるだけ単純にせよ、そのためには不要な要素を削れ、というのがその教えである。先の問題でいうと、降雪を説明するのにわざわざエイリアンのような余計な要素を持ち出さなくても済むはずだ。感染症の神罰説よりも病原体説の方が優れていると評価できるのは、神罰を持ち出そうとするとおまけで付いてくる色々な要素がない分だけシンプルだと見込まれるからである。

単純性は、他の基準とも関わっている。単純な理論はたいてい一般性・包括性が高いし、整合性のチェックも簡単である。しかも、たくさんの要素や道具立てを含む理論に比べて予測の導出にあまり手がかからないことから、予測力や反復可能性・再現性にも秀でている。こうした点に加え、何よりもシンプルで無駄のない仮説や理論は美しく、それだけに真理にも近いと考える科学者もいるほどである（ただし、将来的に人工知能が科学研究でいっそう活用されるようになって、山ほどの要素が複雑に絡んだ理論でもスムーズに扱えるようになると、単純性の位置づけも変わってしまうかもしれないが……）。

――このようにして、仮説や理論を複数の基準に照らして総合的に評価することができるようになる。たとえば、予測力と前進性が際立っていれば、整合性だけが売り物の仮説よりも優れている、という具合に。そうして複数の仮説の中から最良のものを選び出すことが可能になるのである。

とはいえ、読者もお気づきのように、この手続きを個人が独力でやり遂げるのは、たとえ専門的な訓練を受けている人であったとしても簡単なことではない。そこには自ずと限界がある。では、この限界を突破するために、科学ではどんな手立てを講じているのだろうか？　その答えは次の最終章で明らかになるだろう。

◎第6章のまとめ

- **推論には演繹的推論と非演繹的推論がある。演繹は、もし前提が正しいとすれば導出さ**

れる結論も必ず正しくなるタイプの推論である。これに対し非演繹的推論は、結論が誤りとなるリスクと引き換えに情報量を増やそうとするタイプの推論だといえる。

●非演繹的推論には主に次のような種類がある。個別事例から一般化された仮説を導出する枚挙的帰納法、類似性にもとづくアナロジー（類推）、確認されている事実をうまく説明する仮説を考え出すことに関わるアブダクション、そして仮説の取捨選択のステップを加えた最良の説明への推論である。

●演繹的推論と非演繹的推論を組み合わせたのが、仮説演繹法である。これは、非演繹的推論によって新しく仮説を作り、そこから演繹的に導出された予測が成り立つかを確かめる、という推論である。科学の前進はこうした仮説の形成と検証の繰り返しを含むプロセスとして捉えられる。

●反証主義の考え方を使って仮説のよしあしを評価することができる。一般性が高く、明確に表現されている仮説は、反証のリスクが上がることと引き換えに、情報としての価値が大きい優れた仮説と見なされる。仮説や理論の優劣を反証主義よりも丁寧に見きわめるには、一般性・包括性に加えて、整合性や予測力、反復可能性・再現性、単純性、前進性などの複数の基準にもとづく総合的な評価を行わなければならない。

コラム12 反証主義の弱点と理論の総合評価

仮説「すべての鳥は空を飛ぶ」がどんな場合に反証されるかを考えてもらいたい。ダチョウやペンギンで反証されるのはいいだろう。では、この仮説がカモノハシでは反証されないのはなぜだろうか。ダチョウやペンギンと同じようにカモノハシもくちばしをもっていて卵を産み、そして飛ばないにもかかわらず。

「ダチョウやペンギンが鳥類であるのに対し、カモノハシは哺乳類なのだから当然だ」という声が聞こえてくる。だがそれは、鳥類や哺乳類、そしてカモノハシについてすでに多くのことが判明していることを前提とした答えではないのか。カモノハシが鳥類か哺乳類かがまだよくわかっていない段階では、それが「すべての鳥は空を飛ぶ」を反証するケースなのかは判断できない。鳥類や哺乳類（そしてカモノハシ）に関するそれなりに発達した理論とセットになってはじめて、何がこの仮説を反証するケースとして認められるのかが決まるのである。

そんなわけで、反証主義を使うなら、理論というシステム全体も考慮に入れましょうという話になるが、しかし実際の科学史上のケースと照らし合わせると、その弱点が露呈してしまうこともある。よく言及されるのが、ニュートンの力学理論の反証にまつわる以下のような例だ。

18世紀に発見された天王星の軌道は、ニュートンの理論から導出される予測とは大きく食い違っていたが、そのことが直ちに理論の放棄につながったわけではない。この理論がそれまでに数多くの現象の説明や予測に成功してきたのは、誰の目にも明らかだった。そのため、反証になりそうなケースがひとつ見つかったくらいで捨てられることもなかった。

かわりに試みられたのが、補助的な前提を新しく加えることで理論を守る、という方針である。実はまだ知られていない天体が存在し、その引力が働いているせいで、天王星は当初の予測とは異なる軌道を描いているのだ、と。そしてそのような天体があとで本当に発見されることになる。その天体こそ海王星にほかならない。

理論はいくつもの構成要素からなる一大システムである。だから、うまく説明できない事例に突き当たることがあっても、すぐに理論をまるごと放棄するのではなく、どこかを少し手直しすれば済むかもしれない。実際、ニュートンの力学理論は、未知の天体が存在するとの補助的な仮説を前提として新たに加えることで、そうした事態を乗り越えることができたのである。

だが、ここで本文に出てきた次の例を思い出した読者がいるかもしれない。「俺はいくら飲んでも効かなかったぞ!」との訴えに「それは本当に信じる心がまだ足りていないだけさ」と返すことで反証を受けつけない、という話である。さて、この手口も補助的な前提を追加することで反証を避けているわけだから、ニュートンの理論の場合と何が違うのか？　これはもっともな疑問であり、まさに反証主義ではうまく扱えない点だ。

そこで有効なのが総合評価である。ニュートンの理論は反証を回避するための仮説を前提として付け加えたが、それは結局のところ海王星の発見につながった。ここには高い予測力と前進性が認められる。科学史にはこのようなケースは珍しくないが、これに対し「信じる心が足りていない」式の反証逃れはそうではない。新しい予測や問題解決をもたらすことはなく、停滞した状態にとどまり続ける——たとえば「もっともっと心から信じなくちゃいけない」と繰り返す——だけなのだ。

しかし、ニュートンの力学理論もやがて限界を迎える。水星が太陽に最も近づく点（近日点）の移動については予測がうまくいかず、色々と修正を試みたものの成功しなかった。それを解決したのがアインシュタインの相対性理論であり、この革新的な理論はさらにブラックホールや重力波といった新たな存在の予言やＧＰＳの開発へと結びつくことになるのである。

第7章　みんなで科学的に思考する

筆者の好きな『動物のお医者さん』（佐々木倫子著）は、H大学獣医学部が舞台の名作漫画である。この作品の後半には、研究室（ラボ）に配属された主人公たちが、クセの強い先生の指導のもとで研究を行い、その内容を学会で発表する回がある（図7－1）。苦心して準備した発表に対し、自分の先生とライバル関係にある別の大学の教授が痛いところを突いてくる。サンプルのサイズが不十分なのではないか、といった質問を投げかけてくるのだ。そういうときはふつう発表者が応じるものだが、かわりに先生が答え始めたところから騒動が起こってしまい……という話である。

主人公たちの研究の出来はともかく、このエピソードは科学が独力ではなく集団で行われる活動であること、そして制度化された営みであることを示している。研究室というチームで研究に取り組み、その成果を学会で発表し、他の研究者からの厳しいチェックを受けるのだ。研究を認めてもらうには、その内容を論文にして刊行する必要もある。『動物のお医者さん』の別の回にもあるように、研究の内容を文章にまとめて学会誌などに投稿しなければならないのである。しかし、そうして投稿された論文もまた、やはり他の研究者によって詳しく検討が加えられ、掲載に値するかどうかが評価されることになる。

質の高い情報を生み出すプロセスとしての現代の科学が信頼できるのは、かなりの程度、このような集団的・制度的な支えがあるおかげである。一言でいえば**「集団・制度で思考**

する」のが科学の強みなのだ。本章では、主として科学のこの側面を取り上げるが、科学者のコミュニティの外部にも目を向け、科学的思考のもつ広く**「社会で考える」**という面についても手短に考察する。そうして、全体としては「みんなで科学的に思考する」ことの意義を確認することで、本書を締めくくることにしよう。

図7-1　科学は集団による営みである
（佐々木倫子『新装版　動物のお医者さん』10集、小学館）

1 集団で科学的に思考する

個人だけで得られる知識には限界がある

現代の科学は集団で考える営みだが、実はそのこと自体は狭い意味での科学に限ったことではない。人間という生物は、そもそも単独で考えることはほとんどないし、ひとりだけで知識を生み出すこともめったにないのである。個人が独力で得られる知識に限界があることは、次の問題でもすぐに確認できる。

問題 以下のうち、誰からも教わらず、何も参照することなく、自分ひとりだけで知ることができそうなのはどれだろうか？

①「桃太郎」のあらすじ　②ファスナーの製造方法
③光が電磁波の一種であること　④自分の氏名・生年月日
⑤目の前にある2個のリンゴが赤いこと

①から④はどれも、自分以外の人から教えてもらうか、他の人が残した何らかの情報に触れるかして知るのが普通だろう。②のファスナーの製造方法や③のような科学的な知識に独力で到達するのは、原理的には不可能ではないにしても、とても難しい。③をはじめて明らかにしたマクスウェルも、別の研究者が測定していた光速度の値に依拠している（第6章）。④は、実は自分自身のことであっても、自分ひとりで考えるだけでは、氏名や生年月日すら知りえないことを示している。

残る⑤は自分ひとりでも知ることができるようにも思えるが、目の前にあるのが「2個」の「赤い」「リンゴ」であると認識するのに日本語が必要かもしれないので、実際には微妙なケースである。日本語を身につけるには他の人間がいなければならないからだ。もっとも①から④に関してもそうした点は同じかもしれないが——。

というわけで、この問題では次のことが確認できる。人間は自分ひとりでは得がたい知識に取り囲まれて生きているし、個人のもつ知識の大部分もその中から得られるものである。自分の氏名に始まって光の正体まで、実に幅広いことがらについて知ることができるのは、ひとえにそのおかげなのだ。他人からの影響がいっさい及ばないような、まったく孤独な人には、そんなことは不可能だろう。世の中にはなぜか「自分の目で見て確かめたこと以外は絶対に信じない」という態度を崩さない人がいる（筆者もかつて教えていた大学で学生からそういう趣旨のコメントをもらったことがある)。しかし、証拠を重んじる慎重な姿勢は悪くないとしても、あまりに頑固だと知識の幅を大きく狭めてしまいかねない。

そして何より新しく情報や知識を作り出すには、自分以外の人間によるそれまでの蓄積の上に立ち、また他の人間の力にうまく頼らなければならない。とりわけ科学はその傾向がはっきりしている。実際のところ、よくある「孤高の天才」という科学者のイメージは、手つかずの分野が開拓できた過去の時代ならともかく、少なくとも現代ではほとんど間違いである。自分の研究室や実験室に閉じこもり、他の科学者たちからの理解も得られていないけれども、革新的な達成を独力で成し遂げる……のではなく、他の研究者の力を存分に借りることで、個人の限界を乗り越えて進むのだ。これは、集団による取り組みが、ひとりの天才に出せる成果をたいてい上回るように組織化されている、ということを意味している。では、うまく組織化された集団とはどのようなものだろうか。

認知的分業

科学をはじめとして、人間の知の営みは、基本的には個人事業としてではなく集団による一種の分業体制のもとで行われている。たいていの人はファスナーの製造方法を知らないけれども、社会の中にはそれに詳しい技術者がいるので、安心して任せてしまって構わない。明日の天気については気象予報士に頼るし、勤めている会社に法務部があれば取引先との契約書に問題がないかを確認してもらえるだろう。こうした専門的な知識や情報の委託・分担のことを**「認知的分業」**あるいは「認識的分業」と呼ぶ。

科学における認知的分業について具体的に見ていこう。気候科学は、名前の通り、地球の気候を対象として、その変化や影響について理解することを目指す研究分野である。気候には、大気、海洋、陸地、氷床などが関わっており、またそれぞれにも複数の階層がある。そのため、気候科学は全体として、自ずと色々な領域にまたがる「学際的」な分野となる。たとえば、大気循環についての数理モデルを構築する、かつて海水面がどのくらい上昇したかを地質学的な証拠にもとづいて見積もる、南極の氷床から遠い過去の氷のサンプルを採取する、などなどの課題に取り組まなければならない。

どの取り組みも気候科学には欠かせないが、ひとりの研究者がすべてに通じることは現実には不可能である。だからどうしても認知的分業が必要になる。自分が専門家として担当している領域の外側については、他の専門家の力に頼るほかない。だがそのおかげで、気候科学という大きな分野でも、個人で扱える範囲をはるかに超えた水準での継続的な研究が成立するのだ。

気候科学は、認識論（知識の哲学）を研究するニール・リーヴィが *Bad Beliefs*（未邦訳）の中で取り上げている例だ。そしてリーヴィがいうように、こうした認知的分業は学際的な分野かどうかを問わず、程度差はあっても科学では一般的なものだ。脳の活動を画像化して調べるときに使われるfMRI（機能的磁気共鳴画像法）という手法について考えてみよう。fMRIをよく使用しているからといって、自分でその装置が作れる研究者はほとんどいないし、トラブルシューティングも外注するのが普通である。この手法のメカニズムについて正確に説明しようとすれば、別の分野の専門家にも頼らなければならない。しかし、そうした知の委託・依存の関係こそが、現代の科学の成功を支えているのである。

実際のところ、自然科学に限らず、人文・社会科学でも、特別な手法や装置を使用するときには自分以外の専門家と協力しながら研究を進める。美術の研究で絵画に使われる絵具やキャンバスの化学分析をしたり、考古学で遺跡や遺物を放射性炭素から年代測定したりする場面を考えてもらえばよいだろう。こうした認知的分業は、第5章で出てきた「統一」という科学の理念の実現にもつながるはずだ。

コラム13 認知的分業と説明深度の錯覚

認知的分業は人間の知の営みの重要な特徴だが、それがあまりにも深くすみずみに至るまで浸透しているせいで、かえってその働きに気がつきにくいかもしれない。そのことに関係するのが、第3章で触れた説明深度の錯覚という現象だ。

自分が深く説明できるつもりのことでも実際には浅い理解しかもっていない、というのが説明深度の錯覚である。自転車の構造、ファスナーが閉まる仕組み、潮の満ち引きや季節の移り変わりのメカニズム、などが説明深度の錯覚が起こる例だった。この錯覚が起こってしまうのは、ひとつには、自分が所属するコミュニティの自分以外の誰か（とくに専門家）が知っているという事実を、自分自身がよく理解していることと取り違えてしまうためだ。

認知的分業がうまく行われていればいるほど、専門家への知の委託・依存は意識すらされなくなる。しかしそこには、集団のレベルで成り立っている知識や理解のありようを個人のレベルで自分のものとして混同して捉えてしまう罠も潜んでいるのである。

チームでの研究

いっそう緊密な認知的分業が求められるのが、チームを組んで一丸となって研究に取り組むときである。実験のデザイン、装置・機器の操作、収集されたデータの分析、証拠の解釈、モデルの構築、ライバル仮説の検討……などなどの課題にうまく手分けして取り組む。いわば各メンバーの専門性の「持ち寄り」による共同作業を行い、それを通じて個人で届くレベルを超えようと試みるわけだ。その様子はあたかもエヴェレスト登頂を役割分担しながら一体となって目指すチームのようである。

山中伸弥は、iPS細胞の作製技術の確立により2012年にノーベル生理学・医学賞を受賞した。この研究もチーム体制で行われており、高橋和利が助手として実験を担当している。そして、ターゲットの遺伝子を特定する方法について高橋が山中に提案したアイデアが、実験を成功に導く大きなきっかけになったという。実際、研究成果を示した論文は、高橋・山中という順の連名で発表されている。ふたりは見事な連携プレイによってiPS細胞という未踏の頂に到達したのだ。

この例のチームはごく小規模だが、エヴェレスト登頂がときに数百人単位のチームで行われる（そして多額の費用を要する）のと同様に、科学でもしばしば大規模な研究チームが編成される。2012年のヒッグス粒子の発見にはノーベル物理学賞が授与されたが（2013年）、受賞につながる物理学の論文には、実に3000人以上の研究者が共著者として名を連ねた。ヒッグス粒子の発見は、それほどまでの大人数での認知的分業によってようやく登頂できる高峰だったのである。ちなみにこの研究には、第1章で出てきたCERNの超大型装置が使用されたが、その建造費もおよそ5000億円とケタ違いだ。

近年ではさらにこんな例もある。コロナ禍に関する研究では、パンデミックを相手にするだけに、多くの国の研究室が参加する国際的な分業体制が敷かれるケースも少なくない。それもあって、2021年には著者数が1万5000人以上の論文が発表されたくらいである。もっとも、それほどの人数になると、個々の研究者の貢献をどう評価するかという別の問題が無視できなくなるようだ。

大規模チームによる研究では、マネジメントつまり認知的分業をどうやって効果的に組織化するかが大きな課題となるが、それがうまくいけば享受できるメリットも増える。各メンバーが持ち寄れる専門性の幅が広がることに加えて、チーム内に多様な視点が存在するようになれば、少人数では気づきにくい認知バイアスの影響が発見・排除されやすくなるとともに、有望なアイデアやアプローチが見過ごされにくくなると期待できる。

もっとも、チームが拡大するほど、メンバーの雇用や組織運営、機器購入などのための資金集めが非常に大事になってくる。もし資金調達がうまくいかなければ、研究は縮小を余儀なくされるかもしれないし、ひょっとすると中止に追い込まれるかもしれない。先述の山中伸弥はiPS細胞研究所の所長を務めていたとき、テレビ番組やマラソン大会に頻繁に出ていたが、主な狙いは明らかだろう。研究所には人的にも設備面でも多額の費用が必要となるため、そうした機会を通じて広く社会に支援を呼びかけていたのである。

2 制度で科学的に思考する

質の高い情報を生み出すプロセス

第1章では、人間の基本的な知的活動としての「広い意味での科学」と、科学革命から生まれた探究の営みとしての「狭い意味での科学」を区別した。集団での思考はどちらの意味での科学でも行われるものだが、狭い意味での科学にはさらにそれが「制度化」されているという特徴がある。科学者のコミュニティが学術的な組織や団体を作り、その中で研究を互いにチェックする手続きを設けることで、情報の質の高さとそれを生み出すプロセスの信頼性を支えているのである。これはとくに19世紀以降に顕著になった特徴ではあるものの、テーマ自体はさかのぼればベーコンの未完の遺稿『ニュー・アトランティス』にも萌芽が見出されるものだ。

制度化された営みとしての科学に共通するイメージは「耐久性テスト」である。工業製品は、市場に送り出される前に厳しい耐久性テストをくぐり抜けなければならない。さまざまな負荷をあえてかけてみて、それでも壊れずに使い続けられるかを確かめるのである。現代の科学にも似たような耐久性テストが制度的に組み込まれており、テストを突破できない粗悪な研究をふるい落とすようにしているわけだ。

そうした耐久性テストはいくつかの段階からなるが、この節ではとくに重要なふたつの段階を取り上げることにしよう。分野によって細かいところは異なるが大枠は変わらないので、以下では、本書のこれまでの内容からも理解しやすい典型的なケースとして、実験が中心となる研究をモデルに解説していきたい。そのあとで、制度化された科学という営みのもつ意義を、あらためて思考という観点から確認したいと思う。

(1) 査読の段階

研究者たちは、自分が取り組んだ研究の内容を、学会や国際会議といった場でプレゼンテーションするだけでなく、それを論文として発表しようとする。そこで、論文を学会誌や学術誌などの「ジャーナル」に投稿するのだが、研究者にとって大事なのは、そもそも論文が掲載してもらえるかどうかである。

ジャーナルの側には編集委員がいて、投稿された論文が掲載に値するかどうかを見きわめなければならない。だから、論文の内容に関連する専門的な知識をもつ他の研究者に、レフェリーとなってその論文の評価を下してもらうように依頼する。この評価の手続きを「**査読**（ピア・レビュー）」といい、レフェリーは「査読者（レビュアー）」と呼ばれる。

査読は通常、複数人で担当する。そうすることで、単独で論文をチェックするよりも問題点が見過ごされにくくなるし、査読者ごとの認知バイアスが評価に及ぼす影響が多少はあるにしても、全体としてはある程度まで「ならされる」と見込まれる。先入観が混じるのを避けるための措置として、「ブラインド・レフェリー制」も一般的である。査読者の名前を論文の執筆者に伏せておくのを「シングル・ブラインド」、執筆者と査読者の双方が互いに誰なのかがわからないようにしておくのを「ダブル・ブラインド」という。

依頼を受けた査読者は、自らの専門性を活かして論文に問題がないかをチェックする。実験をメインとする論文であれば、実験はきちんとコントロールされているか、その手順や統計的手法などの記述に不備はないか、得られたデータや分析結果から結論は適切に導出されているか（妥当な推論が行われているか）、といった点が評価のポイントとなる。

また、一般性や包括性、明確さ、外的整合性（広く受け入れられている他の知見や確立されている理論と衝突しないか）、単純性（不要な要素はないか）などの前章でも挙げた点に問題がないかも調べられる。とりわけ、従来にない予測や問題解決に結びつくか、あるいは分野に新たな進展をもたらすか、つまり予測力や前進性は、研究のもつ意義に関わる重要な基準である。

論文に対して査読者が下した評価が一定以上だったら、加筆修正についての指示を中心とするコメントとともに、著者に査読の結果が知らされる。そこでのコメントはたいてい読むのがつらくなるほど厳しいものだが、書き直しの作業を経なければ論文はジャーナルに掲載されない。加筆修正の規模が大きいときは再査読や再々査読を挟むので、このプロセスが繰り返されることになる。

査読をめでたく通過し、ジャーナルへの論文掲載（採択）が正式に認められることを「アクセプト」という。残念ながらアクセプトが叶わず、不採択が決まることを「リジェクト」と呼ぶ。リジェクトされた論文は再投稿できないのが普通なので、別のジャーナルへの投稿を検討したり、あるいは研究自体の見直しが迫られたりする。

なお、近年では、正式な査読や掲載前の論文（プレプリント）のアップロードを受け付けるarXivのようなウェブサイトもよく利用されるようになっている。時間のかかる従来型の査読に先行して、論文をオンライン上で公開するのである。ダブル・ブラインドの場合とは異なり、査読前に著者名が知られることになるが、早い段階で世界中の研究者からコメントしてもらえる、再現性を確かめる実験を他の研究者にスピーディに実施してもらえる、新発見の先取権を主張する根拠となる、といったメリットが認められる。近年でも色々な試みが継続的になされているので、とくに注目すべき取り組みをコラム15で扱うことにしよう。

研究の内容はジャーナルに論文として掲載されるだけではなく、論文集や研究書のような書籍でも発表される。そうした学術的な文献は、学会や学術系出版社などの組織・団体が発行するものだが、どの形態で研究が世に出ると評価が高いのかは分野によりさまざまである。ここでは引き続き実験を中心とする研究の論文がジャーナルに掲載されるケースを念頭に置いて、「耐久性テスト」の別の段階に進むことにしよう。

(2) 論文掲載後のチェックの段階

研究は、アクセプトされた論文がジャーナルに掲載されたらそこで終わりではない。それによって研究の内容がオープンになり、公的に確かめられるようになることが大事なのである。論文が世に出たあとには査読者以外からのチェックが待っており、制度的にもそうした機会が設けられているのだ。

重要な研究という評判が高まるほど、同じ分野の専門家だけでなく他の領域の研究者からも注目が集まる。すると、あらためてさまざまな角度から寄ってたかって論文がチェックされるようになる。その結果、査読では見逃されたデータ分析の不備が突き止められるかもしれないし、あるいは有力なライバル仮説がこのときはじめて浮上してくる可能性もゼロではない。しかし、こうした厳しい集団的なチェックにさらされても重大な問題が発見されなければ、一定の貢献を果たしたという評価を受けられるわけだ。

この段階では、論文の著者以外の研究者が、論文の記述を参照して実験を自分の手でやり直してみることができる。こうした再検証を**「追試」**という。追試が可能なのも、研究内容が論文の形で公開されることで、他の研究者がアクセスできるようになる制度があるおかげである。そして、追試によって元の論文と同様の結果が繰り返し得られれば、その研究には反復可能性ないし再現性が認められるようになってくる。

一本の論文で報告される実験のサンプルはどうしても限られたものになるが、追試を繰り返し実施すれば、サンプルのサイズを大きくした仮説検証と変わらなくなる（第4章を参照）。だから、追試に何度も成功すればするほど、つまり再現性が高いほど、仮説を裏づける強力な証拠になると考えてよい。しかし、追試によってあまり支持されなければ、再現性の低い研究として顧みられなくなっていく。中には研究のやり方に問題が見つかって論文が撤回されるケースもある。

この段階を乗り越えた研究は安定した評価を確立し、教科書に掲載されるものも出てくる。それを足場として科学は先に進むことができるのである。もちろん、教科書に載っているような知見や理論に対してなおもライバル仮説の構築を試みる余地はあるのだが、科学が制度的に設けている耐久性テストの厳しさを知れば、それが簡単ではないこともわかるだろう。

補足として「メタアナリシス（メタ分析）」にも触れておきたい。特定のテーマについての論文が数多く蓄積されてくると、全体としてどんなことがいえるのかが問われるようになる。それを見きわめるために、たくさんの論文に含まれるデータをトータルで統計的に分析するのがメタアナリシスである。とくに人間を対象とする実験では十分なサイズのサンプルが確保できるとは限らないので、この手法が有効に働くと期待できる。なお、ある問題に関するたくさんの学術的な文献を、一定のやり方を定めたうえで収集・調査し、その全体を評価することは、一般に「システマティックレビュー（系統的レビュー）」と呼ばれ、メタアナリシスはその一部としてしばしば使われる。

制度と思考

以上で説明してきた科学の制度的な側面がどんな意義をもつのかを、あらためて思考という観点から確認しておきたい。まず、すでに触れた点として、間違いや見落としの指摘や修正、あるいは認知バイアスの及ぼす影響の軽減や排除といったメリットがあるのは明らかだろう。研究者やチームのメンバーの外部にいる第三者の目に研究がさらされる仕組みが有効に働くわけだ。歴史的にいえば、こうした制度化が始まる以前の、たとえば錬金術のような研究でも、実験による仮説検証を通じて証拠を集めようとはしていた。しかし、その営みは秘密主義に貫かれていたため、現代の科学に見られるような外部からの批判や検討に開かれた自己訂正的な性格は備わっていなかったのである。

次に述べる点にも認知バイアスが絡んでくるが、ややトリッキーである。問題として出すので少し考えてもらいたい。

問題

認知バイアスは通常、科学的思考にとって望ましくないものと見なされる。ところが実際には、制度化された活動としての科学の中に認知バイアスがうまく組み込まれて有効に活用されてもいるのである。たとえば、論文の査読者や論文掲載後のチェックを行う研究者に確証バイアスが生じているときがそうなのだが、果たしてそれはどう働いているのだろうか?

自分には正しそうには思えない仮説や実験結果が記された論文を読んだとき、もし確証バイアスが生じたらどんな作用を及ぼすか。自分の考えにマッチする他の証拠や別の仮説がないかを検討したり、あるいは言葉は悪いが、熱心に論文の「あら探し」をしたりすることにつながるだろう。しかしこれが、研究に課される「耐久性テスト」をいっそう徹底したものにしてくれるというわけだ。研究者も人間である以上は認知バイアスの影響を完全に避けることはできないが、ここにはそれすら制度に巧みに組み込んだ強力な認知的分業の存在が認められなければならない。

最後に、最良の説明への推論を共同で支える機能を挙げたい。前章では仮説や理論を総合的に評価するための基準のリストを示したが、この節で解説してきたように、科学ではそのチェックが制度的な認知的分業のもとでも行われる。どの基準をどのくらい重視するかは研究者や組織や分野によって異なるが、それもまた多様な視点からのチェックを可能にしている。そうして研究ごとにしかるべき評価が下されていくが、それは全体として見れば、さまざまな仮説や理論の優劣が決まり、劣ったものが排除されていくプロセスのひとコマである。このバトルロワイアルを勝ち抜いたものが、現状では最も優れた説明を与えてくれる暫定チャンピオンとして認定される。このように、最良の説明への推論をうまく実行するための仕組みを設けている点に、制度化された活動としての科学の大きな強みがある。

繰り返しになるが、ここまでしても暫定チャンピオンが打倒されるリスクはどこまでも残るという意味で、絶対確実な不滅の真理が保証されるわけではない。だがそれでも、他のどんなやり方と比べても、間違いを大幅に減らしながら質の高い情報を生み出すための手立てとしては、科学という制度はなかなかよくできているのである。

3　社会で科学的に思考する

本章で確認してきた「集団・制度で思考する」という科学の強みは、社会の中でどう活用すればよいだろうか。研究者のコミュニティの外にいる非専門家は、科学については専門家に何らかの仕方で頼らざるをえない。以下では、世の中に流れる科学に関する情報とどうつきあっていくべきなのか、という問いに焦点を当てることにしよう。科学の集団的・制度的な側面についての理解から、いわば「社会の中での科学的思考」を身につけるための実践的な教訓や注意点を取り出すことがこの節の、そして本書最後の目標だ。

制度に支えられているか？

まずは「人工地震説」のような怪しい情報を題材として取り上げよう。大きな地震が起こると、悪意ある人間が技術の力で引き起こした地震であるとのデマがＳＮＳなどで飛び交う。２０１１年３月11日の東日本大震災でもその種の人工地震説は流れたし、２０２４

年1月1日の能登半島地震の発生後にも少し目についた。現実には、人間に生み出せる地震の規模は、自然が引き起こす大地震にとても及ばない。地下核実験で起こる最大規模の人工地震でも、せいぜいマグニチュード5程度にしかならないのだが……。

こうした怪しい情報は、安心して無視して構わないものだ。なぜなら、地震を専門とする研究者たちが築いている制度による支えがまったくないからである。人工地震説を無視してよい理由は、間違っているからというよりも、制度を通じた品質保証がまったくなされていないからだ。

人工地震説について、次のような話は聞いたことがないだろう。数理モデルを作り、きちんとした観測データをとって仮説検証を行い、その結果を示した論文を投稿したところ、査読をクリアしてジャーナルに掲載され、続く追試も繰り返し成功した——そんなことが起こったためしはないのである。というより、この種の説の支持者は、えてしてそうした手続きそのものを怠っているわけだ。

こうした手続きを踏まないことで、人工地震説は、最有力のライバルである自然地震説と同じ土俵の上で優劣が比較されることがなくなってしまう。もとより自説の弱点を気にしたり他の仮説に目を向けたりしない人がそうした説を唱えがちだともいえるが、その結果として、最良の説明への推論という大事なステップが飛ばされることになる。実際のところ、この手の怪しい情報や仮説が、学会で真剣に検討されたとか、不備が修正されて新たな問題解決に結びついたなんて話は目にしたことがないだろう。

教訓はこうだ。**制度に支えられていない、あるいは制度から外れた「ワイルドな」知的活動から流れ出す情報に注意せよ。**そこでは、主流派の専門家が参加する認知的分業の中なら課されるはずの厳しい制約がなくなっており、「耐久性テスト」を経ずに生まれた情報や仮説が質を問われることなく野放しになっているのである。品質保証のないまま市場に出回っている製品に手を出すのがまずい選択であるのと同じように、研究者のコミュニティでそもそも評価の対象にすらなっていない情報に、わざわざ非専門家がつきあう必要はない。

確認用の問題を挙げておく。解答は読者に任せよう。

> **問題** 謎の飛行物体が観察されたときに、その正体は何だと考えられるかを、気象学の専門家と「UFO研究家」に問い合わせるとする。得られる情報にはどんな違いがあると予想されるだろうか？

ちなみに、日本には国際未確認飛行物体（UFO）研究所という組織があるけれども、これは愛好家たちが楽しく交流するための団体であって、投稿された論文にハードな査読が課される、といった制度を備えているわけではない。こうした活動には悪意も実害もなさそうなので目くじらを立てるほどではないだろう。

だがこれとは反対に、世の中には以下のような状況があることも知っておこう。まず、高額の掲載料を集めることだけを目的にした、まともな査読を行わないジャーナルも発行されている。論文掲載の実績がどうしても欲しい研究者を狙うそうした媒体は「ハゲタカジャーナル」と呼ばれている。次に、見せかけだけは専門的であるかのように装った論文や研究書も現れ始めている。いい加減なデータを載せたり文献をやたらたくさん挙げたりするのがその手口だが、疑似科学的な情報や陰謀論的な主張を世の中に広めることを主な目的としたものである。現代の怪しい情報は、一部では科学の制度的な側面を「擬態」するまでになっているし、また今後はさらに巧妙化することが見込まれるので、頭の片隅にとどめておいてもらいたい。

メディアの中の「科学者」に（上手に）頼れるか？

次に、もう少し微妙なケースとして、科学者が一般向けのメディアに登場している場面を考えよう。そこで発信される情報を受けとるうえでのポイントをいくつか挙げておきたい。それを押さえておけば、たまたま目にしたメディアで研究者が発信していた情報を唯一の正解だと信じる早合点は避けやすくなるはずだ。

一点目は、その人物が**「何を研究しているのか」「どの分野の専門家なのか」**である。本人が論文や研究書を書いているような分野についての情報なら、その背後には制度の働きが想定される。天文学者がテレビでブラックホールの発生メカニズムを説明している、というのがその例だ。そこで発信されている情報は、一般向けにやや単純化されてはいるだろうけれども、一定の品質保証がなされていると思って差し支えない。

しかし、本人の専門分野から外れた範囲の情報については、その質を割り引いて考える必要がある。かりに名の知られた研究者であっても、制度の支えのないところでは、検証もバイアスの緩和もなされないワイルドな情報発信をしてしまうおそれがあるからだ。留保をつけて、たとえば個人的な見解として捉えておくのが安全だろう（コラム14で取り上げるような例もある）。

第二のポイントとして、できれば**近年の研究活動や業績**についてもチェックしておきたい。かつては学会で熱心に発表し、論文も出していたけれども、最近は一般向けの講演やバラエティ番組の出演に忙しい――そうして現役の研究者としての活動が減ってくると、専門家としての知識やスキルが錆びついてきてもおかしくはない。分野によっては10年ほどで大きな変化が生じることも珍しくないので、研究者が制度の中で活動し続けるには、絶えず自身の専門性をアップデートすることが求められるのだ。

この点に関しては、ありがたいことに現代ではオンラインで把握しやすくなっている。大学や研究所のウェブサイトのほかに、科学技術振興機構（JST）が運営するresearchmapも有用である。メディアに登場する科学者の背景が気になったらアクセスしよう。

三番目に、これは少し難しいポイントにはなるが、**専門家のコミュニティで合意はあるのか、あるいはどのくらい幅広い意見が存在するのか**、という点である。メディアに登場する科学者が自らの研究分野に関して発信している情報が、必ずしもそのコミュニティを代表する見方とは限らない、というのがその理由だ。

教科書に掲載されているほどの学説なら確認しやすいが、新しい内容だとチェックするのが簡単ではなくなる。その場合、ひとつの手立てとして、やや高度になるけれども、前節で触れたシステマティックレビューを探すとよい。また、特定の分野やテーマの最近の研究状況をまとめて解説してくれる文献――「総説論文」や「サーベイ論文」などと呼ばれる――が参照できれば役に立つだろう。あるいは『ニュートン』や『日経サイエンス』といった一般向けの科学雑誌で、幅広い読者層を想定した簡便な解説が読めることもある。こうした文献を通じて、あるテーマで標準的と見なされている見解はあるのか、それともまだ合意に至っていない部分も少なくないのか、といった点に関するおおよその見通しがつくだろう。

さまざまな仮説や理論を集団でじっくりとチェックするのは、しばしば長期にわたるプロセスとなるため、ときには優劣の決まらないまま合意のない状態が続くこともある。そんな煮え切らない状況に、非専門家はやきもきするかもしれないし、ひょっとするとその分野そのものへの不信感につながるかもしれない。しかし、制度化された活動としての科学がそこできちんと営まれている限り、丁寧な批判的検討とそれに伴う活発な議論の継続はつきものだと承知しておかなければならない。

コラム14 ときにはノーベル賞受賞者すらワイルドに

一人ひとりの科学者は、特定の分野の中のごく狭い領域を掘り下げて研究している。だから、そこから離れたら別の専門家に頼るのが普通である。しかし、ライナス・ポーリングのように、自分の専門に近いところで踏み外してしまうケースもなくはない。ポーリングは、化学結合の研究でノーベル化学賞を受賞し、またDNAの分子構造の解明をワトソン&クリックと争ったことでも知られる一級の科学者である。

そんなポーリングは、ビタミンCの大量摂取に病気予防の効果があると主張していた。だがそれはプラシーボ効果（第4章）が疑われるものだったし、実験による検証でも裏づけが得られることはなかった。つまり、制度に支えられた質の保証はなかったのである。にもかかわらず、ポーリングは自説の正しさを訴え続け、終生それに固執した。現在もビタミンCで風邪が治るとの俗説は流布しているが、その責任の一部はポーリングのワイルドな主張にある。ポーリングは93歳まで長生きしたので——ビタミンCを飲んでいたおかげではないことに注意せよ——それも俗説が広まる一因として働いたのかもしれない。

制度がまだ整備されていないとき

科学が常に前進を続ける営みである以上、分野やテーマによっては、制度がまだ十分には整備されていない段階にある、という状況は珍しくはない。本節では最後に、そうした状況における科学的思考について手短に考察しておきたいと思う。ケースとして取り上げるのはコロナ禍のようなパンデミックに関する研究である。

パンデミックを相手にする研究が難しいのは、ひとえにそれが社会全体を襲う災厄だからである。もちろんコロナ禍の発生に先立って、疫学やウイルス学、臨床医学など、しっかりした制度を備えた分野はすでに存在していた。そのおかげで、新型コロナウイルスの特徴や感染のメカニズムの解明は速やかに進み、ワクチンも驚くべきスピードで開発された。これは実にありがたいことではあったものの、コロナ禍にはそれだけではうまく対応しきれない面も少なくなかった。このパンデミックの影響は、精神保健学、経済学、法学、倫理学……といった色々な分野が扱う範囲にまで広く及ぶものだったのである。

たとえば、ロックダウン（都市封鎖）のもたらす影響について考えてみよう。感染症の拡大を止める手立てのひとつは人と人との接触の機会を減らすことだから、その限りでは政府が徹底的なロックダウンを実施するのも有効ではあるだろう。しかし、この対策にはさまざまな代償が伴う。人と会えないことでメンタルヘルスを崩す人が増えることが危惧されるし、商業活動も深刻なダメージを受けるだろう。また、人々の行動を政府が制限することについては法的な根拠や倫理的な正当性が問われる。

では、ロックダウンを実施するにあたっては、精神面も含めた健康リスクはどこまで引き受けられるのか。商業活動の停滞に対して、どのような経済政策で臨むべきなのか。そのためには法整備をどう進めるのか。ロックダウンのもとでも充実した善き生を構想することは可能なのか……。

このような問いに一体となって総合的に取り組む研究が分野として成立すれば、社会全体としてもっとうまくパンデミックに立ち向かえるようになるだろう。そこでは、反ワクチン論をはじめとする有害な誤情報がどんなメカニズムで拡散するか、あるいはウイルスやワクチンについての素朴な捉え方が科学的な理解をどう阻むか、といったことも研究の対象になりそうだ。しかし、コロナ禍の時点でいえば、十分に制度化された活動としては、パンデミックに関するそのような総合的な研究は成立していなかった。そのため、耐久性テストの働きに頼れない部分がどうしても生じたのである。そして、この手の状況はパンデミックに限らずどんな領域でも発生する可能性のあるものだ。

では、そうした状況に個人はどう対応すればよいだろうか？　この問題に対する完璧な解答が存在するわけではないが、何よりもまず必要なのは、科学にはこうした不完全さが伴うことを冷静に認識しておくことである。それはまさに、科学がどんな営みであるのかをその限界も含めて理解することであり、深いレベルの科学的思考には欠かせない要素だ。何でもお見通しの全能の神には、そもそも科学的に考える必要などまったくない。科学的思考とは、あくまでも有限な存在である人間のための思考なのである。

本書では、個人が科学的思考を社会の中で実践できるようになるためのツールや教訓、あるいは指針などをいくつも示してきた。それは、たとえ制度による支えが十分には得られない状況のただ中にあっても、思考をうまく導く有用なガイドとなってくれるだろう。読者は、今後も科学的思考の力を伸ばし続けていくために、ぜひとも本書を読み直して、その内容を確認してほしい。そしてその際には、科学的思考には実は人間的な側面があること、人間が考えるからこその特徴が数多く備わっていることまで読みとってもらいたい。

⦿第7章のまとめ

- 人間が個人の限界を超えたレベルで知識を得るには、認知的分業による集団での思考が欠かせない。科学では、専門性の持ち寄りによるチーム体制で研究を進めるのが一般的だ。
- 科学には研究を集団的にチェックする「耐久性テスト」が制度として組み込まれており、その中でも論文の査読や掲載後のチェックが重要な役割を果たしている。そこには、研究の間違いを修正する、認知バイアスの影響を緩和・活用する、最良の説明への推論を支える、といった機能が見られる。
- 科学の「集団・制度で思考する」という強みを考慮すると、個人が社会の中で科学的思考を行うための教訓や注意点が得られる。実践的に重要なポイントとして、発信されている情報は制度によって支えられているか、メディアの中に登場する科学者の発言にはどんな背景があるか、そして、制度が未整備な状況が生じる可能性について理解しているか、といった点が挙げられる。

コラム15

再現性の危機と自己訂正する制度

反復可能性・再現性は、仮説や理論を評価するうえでの重要な基準である。この章でも、追試などを通じて研究の再現性を制度的にチェックする過程について詳しく解説した。ところが2000年代以降、心理学を中心に「再現性の危機」が取り沙汰されるようになった。十分に確立されているとそれまで思われてきた知見をあらためて再現しようとしても失敗してしまうとか、ごくわずかにしか効果が確認できないといった事例がいくつも明るみに出るようになったのである。

ある報告によれば、心理学の一流のジャーナルに掲載された研究や、教科書に掲載されている有名な実験でも、100件のうち半数以下しか再現性が確認できなかったという。再現性の危機は、心理学の（あるいは広く科学の）信頼を著しく損なった、と評されることもある。

心理学の研究の場合、人間を相手にするだけに、もともと再現性が低くなる傾向がある。実験に関わる条件がきわめて多いこともあってコントロールが難しくなるのだ。だが、そのほかにも研究の実践や制度のあり方にまつわる要因も指摘されている。代表的なものをふたつだけ挙げよう。

①疑わしい研究実践（QRPs、Questionable Research Practices）：たとえば、データや資料の中から自分の仮説に都合のいい部分だけを選び出して――これを「チェリー・ピッキング」という――実験で確認できたとする効果の規模を水増しする。そして仮説が確証されたと主張する。

②出版バイアス：予想された結果が得られなかった研究、とりわけ自説が支持されなかった実験は、失敗として発表されずにお蔵入りになる。その結果、ジャーナルなどに掲載される論文は肯定的な結果を示した研究ばかりになる――本来は否定的な内容の研究も含まれていなければ、システマティックレビューやメタアナリシスも有効ではなくなってしまうのだが。

近年では、再現性の危機を受けて制度改革の取り組みが始まっている。そのひとつが「プレレジ（pre-registration）」である。

プレレジとは、実験の実施に先立って実験で検証する仮説の内容やそこで用いるサンプルの情報などを含めて研究計画に即したレポートを作成し、それを第三者のデータベースに登録しておく、という手続きである。また、仮説の支持・不支持を問わず得られた結果をすべて公開する、というルールを設けることも行われている。どちらとも目指しているのは研究を可能な限りオープンにしていく方向である。

こうして見ると、再現性の危機は、研究者が拠って立つ制度そのものを再考し、積極的に改良を試みるきっかけとなる事態だったと捉え直すこともできる。制度化された活動としての現代の科学は自己訂正的な性格を備えた営みであると本文中で述べたが、それは自身を成り立たせている制度そのものにも改善と洗練の手を加え続けることも可能にしているのである。

おわりに

本書では、科学的思考の重要事項を押さえることはもちろん、読者が「ふだん使い」できるような実用性をもたせること、そして一定の理論的な深さも備えさせることを目指した。筆者としてはさらに、読者が楽しみながら読み進められるように、という工夫も心掛けたつもりである。その結果、本書はそれなりのボリュームになったので、このあとがきでは、ごく手短に謝辞を中心に記すにとどめたいと思う。

まず、筆者が所属する関西大学総合情報学部での「専門演習」および大学院科目「現代哲学」の受講者へ。不完全な段階での本書の草稿を読み、さまざまな角度から検討してもらうことで、全体の構成、取り上げるトピック、そして叙述の仕方などの点で、内容の改善と執筆の動機づけにつながる貴重な機会が得られた。あつく感謝する。

次に、研究者の立場からコメントを寄せてくださった、佐藤亮司、立花幸司、千葉将希、中澤栄輔、林禅之の五名（敬称略・五十音順）に。こちらの方々からのアドバイスと励ましの言葉は加筆修正の作業を進めるうえで非常に有益であった——コメントの中には本書で扱うレベルを超える興味深い問いも含まれていたので、それは今後の課題として受け取っておきたい。

佐々木倫子先生には、『動物のお医者さん』の大好きな場面の引用を許可していただいたことに、心から感謝の気持ちを伝えたい。おかげさまで、悩みどころのひとつだった第7章の導入がとても効果的かつ魅力的になったと思う。本当にありがとうございました。

――漫画といえば、本書の「はじめに」は、福本伸行先生の『賭博破戒録カイジ』の冒頭で使われているフレーズのもじりで始まっている。『カイジ』シリーズは講談社から刊行されている作品であり、講談社現代新書の一冊としての本書を『カイジ』的なフレーズで開幕させることができたのは欣快に堪えない。福本先生にも謝意を表したい。しかし、まさに『カイジ』に出てくる言葉を使うと、筆者はいけすかないマイペース野郎のたぐいであるから、本書を書き上げるのにもかなりの時間を要してしまったのであるが……。

そんなわけで、講談社学芸第一出版部の井本麻紀さんには、最大限のお礼を申し上げなければならない。執筆の最初から最後に至るまで、井本さんにお世話になった点は多岐にわたる。ペースメイキングになるような絶妙なタイミングでの打ち合わせのセッティングや、本書の完成度の向上に結びつく数々の的確な助言などなど、挙げ始めればきりがないほどだ。納得できる水準まで原稿に手を入れる時間を与えてくださったのも、実にありがたいことであった。そして、何よりも筆者による科学的思考をテーマとした本を読みたいと仰ってくださり、本書を執筆する機会をいただいたことに深く感謝するとともに、井本さんのプロフェッショナルな編集のお仕事に敬意を表したい。

最後に、本書は科研費（23K11278）の研究成果の一部である。ここに記してお礼申し上げる。

２０２４年12月

植原　亮

主要参照文献

本書執筆のうえで参照した文献のうち読者に近づきやすいものを中心に挙げる。表記の統一などのため、引用に際してはもとの文に手を加えていることがある。著者・訳者の方々には、この点についてご容赦を願うとともに、ここで謝意を表したい。

はじめに

著名な科学者3名の発言は以下からの引用。

- Einstein, A. (2005). *Out of My Later Years: The Scientist, Philosopher and Man Portrayed through His Own Words*. Castel Books.
- フランシス・クリック『熱き探究の日々――DNA二重らせん発見者の記録』、中村桂子訳、TBSブリタニカ、1989年
- カール・セーガン『悪霊にさいなまれる世界――「知の闇を照らす灯」としての科学（上）』、青木薫訳、早川書房、ハヤカワ文庫NF、2009年

第1章

各種の定義については以下を参照。ギャンブルは合法化されるべきだという主張もデイマー著の例にもとづく。

- 伊勢田哲治『哲学思考トレーニング』、筑摩書房、ちくま新書、2005年
- 倉田剛『論証の教室〔入門編〕――インフォーマル・ロジックへの誘い』、新曜社、2022年
- T・エドワード・デイマー『誤謬論入門――優れた議論の実践ガイド』、小西卓三監訳、今村真由子訳、九夏社、2023年
- Foresman, G. A., Fosl, P. S., and Watson, J. C. (2017). *The Critical Thinking Toolkit*. Wiley Blackwell.

「今日は気温が32度」の問題の由来は次の文献に出てくる例である。

- ティモシー・ウィリアムソン『哲学の方法』、廣瀬覚訳、岩波書店、哲学がわかる、2023年

ゲームの概念の例は哲学者のウィトゲンシュタインによる。

- ルートウィッヒ・ウィトゲンシュタイン『哲学探究』、鬼界彰夫訳、講談社、2020年

第2版まで出ているピーター・ゴドフリー＝スミスの科学哲学のテキスト。

- Godfrey-Smith, P. (2021). *Theory and Reality: An Introduction to the Philosophy of Science*. Second Edition. The University of Chicago Press.

ベーコンの難破船の逸話。

- フランシス・ベーコン『ノヴム・オルガヌム―新機関―』、桂寿一訳、岩波書店、岩波文庫、1978年

とくに「科学技術」という言葉について、本文中でも触れた佐倉著ともう一冊挙げる。科学史についての記述も参考になる。

・佐倉統『科学とはなにか——新しい科学論、いま必要な三つの視点』、講談社、ブルーバックス、2020年
・佐藤靖『科学技術の現代史——システム、リスク、イノベーション』、中央公論新社、中公新書、2019年

以下の書籍の冒頭には、論理について考えるために論理的ではないものの事例を取り上げて考察したり、生物の定義と比べてみたりする箇所がある。それを本章では科学的思考の話として換骨奪胎して取り入れた。

・戸田山和久『論理学をつくる』、名古屋大学出版会、2000年

コラム2「定性的・質的なものの位置づけ」で紹介した本格的研究書。

・井頭昌彦編著『質的研究アプローチの再検討——人文・社会科学からEBPsまで』、勁草書房、2023年

第2章

反事実の概念を中心にして因果関係の科学について解説した一般向けの書籍。小中学生の靴のサイズや自動車が角を曲がる問題もここから。

・ジューディア・パール＆ダナ・マッケンジー『因果推論の科学——「なぜ？」の問いにどう答えるか』、松尾豊監修・解説、夏目大訳、文藝春秋、2022年

コラム3「因果関係という哲学的難問」で触れた、因果の概念を掘り下げて考えるための書籍。

・スティーヴン・マンフォード＆ラニ・リル・アンユム『因果性』、塩野直之・谷川卓訳、岩波書店、哲学がわかる、2017年
・ダグラス・クタッチ『因果性』、相松慎也訳、岩波書店、現代哲学のキーコンセプト、2019年

恋愛感情が原因だと思っていたが実はインフルエンザだったという話。

・リサ・フェルドマン・バレット『情動はこうしてつくられる——脳の隠れた働きと構成主義的情動理論』、高橋洋訳、紀伊國屋書店、2019年

ジョンが崇拝している心霊術師の問題は以下に出てくる例による。

・スティーブン・ロー『考える力をつける哲学問題集』、中山元訳、筑摩書房、ちくま学芸文庫、2013年

オランダのコウノトリの生息数と赤ちゃんの出生数に相関関係があるという話。

・Sapsford, R. and Jupp, V. eds. (2006). *Data Collection and Analysis*. Second Edition. Sage.

ホメオパシーに関する記述。

・サイモン・シン＆エツァート・エルンスト『代替医療解剖』、青木薫訳、新潮社、新潮文庫、2013年

1年間でのプールでの溺死者数とニコラス・ケイジが出演した映画の本数との相関。

- Vigen, T. (2015). *Spurious Correlations*. Hachette Books.

コラム4「相関と因果の区別をめぐる風刺漫画」は以下で知った（元になったマンローの作品へのリンクも記しておく）。

- スティーヴン・H・ジェンキンズ『あなたのためのクリティカル・シンキング』、廣瀬覚訳、共立出版、2021年
- Munroe, R. CORRELATION (https://xkcd.com/552/)

第3章

認知バイアスについての一般向けの書籍として、カーネマンの有名な著作と日本人による文献を挙げておく。

- ダニエル・カーネマン『ファスト＆スロー（上下）――あなたの意思はどのように決まるか？』、村井章子訳、早川書房、ハヤカワ文庫NF、2014年
- 鈴木宏昭『認知バイアス――心に潜むふしぎな働き』、講談社、ブルーバックス、2020年

がんの発生率上昇の話、また心理的本質主義の社会的な弊害についても。

- デヴィッド・ロバート・グライムス『まどわされない思考――非論理的な社会を批判的思考で生き抜くために』、長谷川圭訳、角川書店、2020年

主な死因別にみた死亡率（人口10万対）の年次推移および寿命中位数と平均寿命の年次推移。

- 厚生労働省「令和5年（2023）人口動態統計月報年計（概数）の概況」
- 厚生労働省「令和5年簡易生命表の概況」

米国の退役軍人の自殺率。

- トム・ニコルズ『専門知は、もういらないのか――無知礼賛と民主主義』、高里ひろ訳、みすず書房、2019年

手塚治虫と宮崎駿について。

- 高千穂遙（@takachihoharuka）のX（旧Twitter）の投稿、2023年8月15日
- 「手塚治虫が宮崎駿をライバル視！？ ジブリ・鈴木敏夫が語る二人の素顔」(https://dot.asahi.com/articles/-/95983?page=2)

コラム5「数字のトリック」の同じ「就職率が90パーセント」の例。

- 牧野悌也ほか『科学的思考のススメ――「もしかして」からはじめよう』、ミネルヴァ書房、2021年

素朴物理学と素朴生物学全般、概念をレゴブロックにたとえる比喩、そして説明深度の錯覚について。

- Shtulman, A. (2017). *Scienceblind: Why Our Intuitive Theories About the World Are So Often Wrong*. Basic Books.

割合や比率という数学的な概念がそもそもやっかい。

- 芳沢光雄『「％」が分からない大学生――日本の数学教育の致命的欠陥』、光文社、光文社新書、2019年

コラム6「熱とエネルギー」の熱伝導の伝言ゲームの比喩は次の興味深い一般向け科学啓蒙書に出てくる。

- ブライアン・グリーン『時間の終わりまで——物質、生命、心と進化する宇宙』、青木薫訳、講談社、ブルーバックス、2021年

アンカーを使って理解する「上向きの力」は以下の文献による。

- Clement, J. (1993). Using bridging analogies and anchoring intuitions to deal with students' preconceptions in physics, *Journal of Research in Science Teaching, 30*, 1241–57.

素朴生物学について、稲垣・波多野著はこの分野の古典といえる論文を含む本格的な研究書。外山著は、素朴生物学全般を扱い、とくに病気に関する公正世界信念や内在的正義、生気論などについて、ムカジー著は、素朴生物学的な概念としての人種や民族に関して参照した。

- 稲垣佳世子・波多野誼余夫著・監訳『子どもの概念発達と変化——素朴生物学をめぐって』、共立出版、2005年
- 外山紀子『生命を理解する心の発達——子どもと大人の素朴生物学』、ちとせプレス、2020年
- シッダールタ・ムカジー『遺伝子——親密なる人類史(下)』、仲野徹監修、田中文訳、早川書房、ハヤカワ文庫NF、2021年

ナメクジウオのような共通祖先の図。

- リサ・フェルドマン・バレット『バレット博士の脳科学教室7½章』、高橋洋訳、紀伊國屋書店、2021年

説明深度の錯覚を主題とする一般向け書籍。

- スティーブン・スローマン＆フィリップ・ファーンバック『知ってるつもり——無知の科学』、土方奈美訳、早川書房、ハヤカワ文庫NF、2021年

コラム7「陰謀論的な思考と素朴心理学」。

- S. ファン・デア・リンデン「陰謀論をなぜ信じるか」、『日経サイエンス』、2014年2月号
- カール・R. ポパー『推測と反駁——科学的知識の発展〈新装版〉』、藤本隆志他訳、法政大学出版局、叢書・ウニベルシタス、2009年

第4章

村の教会の時計の例。

- リチャード・ドーキンス『神のいない世界の歩き方——「科学的思考」入門』、大田直子訳、早川書房、ハヤカワ文庫NF、2022年

フェイスブックの例。

- パール＆マッケンジー『因果推論の科学』(前掲)

メンタルの状態についての電話アンケートの問題。

- 筒井淳也『数字のセンスを磨く——データの読み方・活かし方』、光文社、光文社新書、2023年

コラム8「どんな分布なのかも気にしよう」。勤労者世帯の貯蓄現在高の分布を用いた解説（データは2023年のものに置き換えた）。

- 山田剛史・金森保智編著『エピソードで学ぶ統計リテラシー——高校から大学、社会へとつながるデータサイエンス入門』、北大路書房、2022年
- 総務省統計局「家計調査報告（貯蓄・負債編）」2023年（令和5年）平均結果（二人以上の世帯）

自然実験のケースとして「悪天候と投票率」「ワクチンと麻疹の発生頻度」について以下をそれぞれ参照。

- 松林哲也『政治学と因果推論——比較から見える政治と社会』、岩波書店、ソーシャル・サイエンス、2021年
- ジェンキンズ『あなたのためのクリティカル・シンキング』（前掲）

ファラデーのモーターの話や図は下記のチャルマーズ著に出てくるが、ファラデーの元の図が掲載されている原著も挙げておく（米国の議会図書館などがオンラインで公開している。図は最後の方にある）。

- A. F. チャルマーズ『改訂新版 科学論の展開——科学と呼ばれているのは何なのか？』、高田紀代志・佐野正博訳、恒星社厚生閣、2013年
- Faraday, M. (1844). *Experimental Research in Electricity*, Vol. 2. London, R. and J. E. Taylor.

実験活動はそれ自身の生活をもっている。

- イアン・ハッキング『表現と介入——科学哲学入門』、渡辺博訳、筑摩書房、ちくま学芸文庫、2015年

コラム9「思考実験とモデル」。思考実験についての一般向けの解説書。

- 榛葉豊『思考実験——科学が生まれるとき』、講談社、ブルーバックス、2022年

第5章

モデルや科学的説明について。

- 戸田山和久『科学哲学の冒険——サイエンスの目的と方法をさぐる』、日本放送出版協会、NHKブックス、2005年
- 森田邦久『理系人に役立つ科学哲学』、化学同人、2010年

モデルについての本格的な研究書。そもそも理想化とは何をすることなのか、類似しているとはどういうことなのか、といった問題を本格的に考えたくなったら。

- マイケル・ワイスバーグ『科学とモデル——シミュレーションの哲学 入門』、松王政浩訳、名古屋大学出版会、2017年

メカニズムの説明について。クタッチ著はペスト大流行の例、ドーキンス著は鳥肌についての至近要因・究極要因による説明の例。

- クタッチ『因果性』（前掲）
- ドーキンス『神のいない世界の歩き方』（前掲）

コラム11「メカニズム・機械論的世界観・要素還元主義」について。

- 伊勢田哲治『疑似科学と科学の哲学』、名古屋大学出版会、2003年

統一や要素還元主義という科学の理念について。また、水の沸点についても扱われている(正体突き止めによる説明という表現が使われている)。

・戸田山和久『「科学的思考」のレッスン――学校では教えてくれないサイエンス』、NHK出版、NHK出版新書、2011年

科学における理解については、第一人者である科学哲学者のデ・レグトによる以下の簡便な論文などを参照。

・de Regt, H. W., and Baumberger, C. (2019). What is scientific understanding and how can it be achieved? In K. McCain and K. Kampourakis eds. *What is Scientific Knowledge?: An Introduction to Contemporary Epistemology of Science*. Routledge.

第6章

科学における推論一般については本章全般を通じて以下の科学哲学の書籍を参照。

・伊勢田哲治『疑似科学と科学の哲学』(前掲)
・戸田山和久『科学哲学の冒険』(前掲)

ブラックバスの問題。

・牧野悌也ほか『科学的思考のススメ』(前掲)

光と電磁波の関係についてのマクスウェルの事例。

・小山慶太『光と重力 ニュートンとアインシュタインが考えたこと――一般相対性理論とは何か』、講談社、ブルーバックス、2015年

アブダクションや最良の説明への推論、理論評価の基準については、以下を参照。クーンの論文も挙げておく。

・Foresman, Fosl, Watson. *The Critical Thinking Toolkit*. (前掲)
・McCain, K. (2019). How do explanations lead to scientific knowledge? In K. McCain and K. Kampourakis eds. *What is Scientific Knowledge?: An Introduction to Contemporary Epistemology of Science*. Routledge.
・ケヴィン・マケイン「生物学的知識とは何か？」コスタス・カンプラーキス&トビアス・ウレル編『生物学者のための科学哲学』、鈴木大地他訳、勁草書房、2023年、所収
・トーマス・クーン「客観性、価値判断、理論選択」『科学革命における本質的緊張――トーマス・クーン論文集』、安孫子誠也・佐野正博訳、みすず書房、1998年、所収

アインシュタインの否定的な事柄について考える能力。

・ジョセフ・ヒース『啓蒙思想2.0〔新版〕――政治・経済・生活を正気に戻すために』、栗原百代訳、早川書房、ハヤカワ文庫NF、2022年

第7章

筆者の好きな名作漫画。

・佐々木倫子『新装版　動物のお医者さん』10集、小学館、2024年

認知的分業や制度化に関する議論全般。孤高の天才の否定や錬金術の秘密主義についても。

- Godfrey-Smith. *Theory and Reality*.（前掲）

リーヴィの認識論の研究書。パンデミックを総合的に研究する分野という論点についても。

- Levy, N. (2022). *Bad Beliefs: Why They Happen to Good People*. Oxford University Press.

著者数1万5000人以上の論文について、またコラム15「再現性の危機と自己訂正する制度」についても。

- 山田祐樹『心理学を遊撃する――再現性問題は恥だが役に立つ』、ちとせプレス、2024年

制度とベーコンの未完の遺稿。

- ベーコン『ニュー・アトランティス』、川西進訳、岩波書店、岩波文庫、2003年

確証バイアスを制度に組み込んで有効活用するという点、またコラム14「ときにはノーベル賞受賞者すらワイルドに」のライナス・ポーリングの逸話についても。

- ニコルズ『専門知は、もういらないのか』（前掲）

専門家コミュニティの中での見解に幅がある状況のもつ意義について。

- ジョン・K・ギルバート＆スーザン・ストックルマイヤー編著『現代の事例から学ぶサイエンスコミュニケーション――科学技術と社会とのかかわり、その課題とジレンマ』、小川義和他監訳、慶應義塾大学出版会、2015年

N.D.C. 401　326p　18cm
ISBN978-4-06-538771-9

写真（P200）：Science Photo Library／アフロ

講談社現代新書 2765
科学的思考入門《かがくてきしこうにゅうもん》
二〇二五年二月二〇日第一刷発行　二〇二五年五月二八日第三刷発行

著　者　植原《うえはら》亮《りょう》　©Ryo Uehara 2025
発行者　篠木和久
発行所　株式会社講談社
東京都文京区音羽二丁目一二―二一　郵便番号一一二―八〇〇一
電　話　〇三―五三九五―三五二一　編集（現代新書）
〇三―五三九五―五八一七　販売
〇三―五三九五―三六一五　業務
装幀者　中島英樹／中島デザイン
印刷所　株式会社ＫＰＳプロダクツ
製本所　株式会社ＫＰＳプロダクツ
定価はカバーに表示してあります　Printed in Japan

「講談社現代新書」の刊行にあたって

教養は万人が身をもって養い創造すべきものであって、一部の専門家の占有物として、ただ一方的に人々の手もとに配布され伝達されうるものではありません。

しかし、不幸にしてわが国の現状では、教養の重要な養いとなるべき書物は、ほとんど講壇からの天下りや単なる解説に終始し、知識技術を真剣に希求する青少年・学生・一般民衆の根本的な疑問や興味は、けっして十分に答えられ、解きほぐされ、手引きされることがありません。万人の内奥から発した真正の教養への芽ばえが、こうして放置され、むなしく滅びさる運命にゆだねられているのです。

このことは、中・高校だけで教育をおわる人々の成長をはばんでいるだけでなく、大学に進んだり、インテリと目されたりする人々の精神力の健康さえもむしばみ、わが国の文化の実質をまことに脆弱なものにしています。単なる博識以上の根強い思索力・判断力、および確かな技術にささえられた教養を必要とする日本の将来にとって、これは真剣に憂慮されなければならない事態であるといわなければなりません。

わたしたちの「講談社現代新書」は、この事態の克服を意図して計画されたものです。これによってわたしたちは、講壇からの天下りでもなく、単なる解説書でもない、もっぱら万人の魂に生ずる初発的かつ根本的な問題をとらえ、掘り起こし、手引きし、しかも最新の知識への展望を万人に確立させる書物を、新しく世の中に送り出したいと念願しています。

わたしたちは、創業以来民衆を対象とする啓蒙の仕事に専心してきた講談社にとって、これこそもっともふさわしい課題であり、伝統ある出版社としての義務でもあると考えているのです。

一九六四年四月　野間省一

哲学・思想Ⅰ

哲学・思想Ⅱ

政治・社会

経済・ビジネス

- 350 経済学はむずかしくない〈第2版〉——都留重人
- 1596 失敗を生かす仕事術　畑村洋太郎
- 1624 企業を高めるブランド戦略——田中洋
- 1641 ゼロからわかる経済の基本——野口旭
- 1656 コーチングの技術——菅原裕子
- 1926 不機嫌な職場——高橋克徳　河合太介　永田稔　渡部幹
- 1992 経済成長という病——平川克美
- 1997 日本の雇用——大久保幸夫
- 2010 日本銀行は信用できるか　岩田規久男
- 2016 職場は感情で変わる　高橋克徳
- 2036 決算書はここだけ読め！——前川修満
- 2064 決算書はここだけ読め！キャッシュ・フロー計算書編　前川修満
- 2125 ビジネスマンのための「行動観察」入門　松波晴人
- 2148 経済成長神話の終わり　アンドリュー・J・サター　中村起子 訳
- 2171 経済学の犯罪——佐伯啓思
- 2178 経済学の思考法——小島寛之
- 2218 会社を変える分析の力　河本薫
- 2229 ビジネスをつくる仕事　小林敬幸
- 2235 20代のための「キャリア」と「仕事」入門——塩野誠
- 2236 部長の資格——米田巖
- 2240 会社を変える会議の力　杉野幹人
- 2242 孤独な日銀——白川浩道
- 2261 変わった世界 変わらない日本——野口悠紀雄
- 2267 「失敗」の経済政策史　川北隆雄
- 2300 世界に冠たる中小企業　黒崎誠
- 2303 「タレント」の時代——酒井崇男
- 2307 AIの衝撃——小林雅一
- 2324 〈税金逃れ〉の衝撃　深見浩一郎
- 2334 介護ビジネスの罠——長岡美代
- 2350 仕事の技法——田坂広志
- 2362 トヨタの強さの秘密　酒井崇男
- 2371 捨てられる銀行——橋本卓典
- 2412 楽しく学べる「知財」入門——稲穂健市
- 2416 日本経済入門——野口悠紀雄
- 2422 捨てられる銀行2 非産運用——橋本卓典
- 2423 勇敢な日本経済論——髙橋洋一　ぐっちーさん
- 2425 真説・企業論——中野剛志
- 2426 東芝解体 電機メーカーが消える日　大西康之

自然科学・医学

心理・精神医学

知的生活のヒント

日本語・日本文化

P